5 años para despertar

El lustro que cambió la política española (2010-2015)

Guillermo Díaz

A Diana, por ayudarme
a mejorar estas líneas
y por estar ahí siempre.

A Jose, a Vera, a Jaime,
a Palacios y a Pablo,
que fueron los primeros que me
leyeron y me animaron a continuar.

Y a mi madre, por todo.

CAPÍTULOS

PRÓLOGO

A principios del año 2010, la política en la calle era residual. El enfrentamiento típico entre partidarios del PP y del PSOE, al nivel del que concentra a partidarios del Real Madrid y del Barça, era una de las pocas muestras que podíamos encontrar en nuestras ciudades y pueblos. Sin embargo, a principios de 2016, nos encontramos ante un escenario que se calificaría de "marciano" en 2010. Un sistema de partidos en el que cuatro opciones y no dos pueden llegar al gobierno en algún momento, un nuevo Rey, un País Vasco sin violencia de E.T.A., una Cataluña donde los herederos de Pujol claman abiertamente por la independencia y una cosa llamada "troika" que controla muy en corto todas las leyes, en especial las económicas.

La UE ha pasado de ser el invento maravilloso que asfaltaba las carreteras y subvencionaba a nuestros agricultores a un odioso sistema controlado por Alemania cuyo único fin es someter y ahogar a los países del sur de Europa. Y lo más importante: todo el mundo habla de política, ya sea con mayor o menor conocimiento de causa. Las discusiones sobre política ahora no solo se centran en PP bueno/PSOE malo o viceversa, sino que van mucho más allá.

En estos 5 años nos hemos planteado la reforma de nuestra intocable Constitución, hemos visto desfilar por los juzgados al antes todopoderoso Pujol e incluso a miembros de la Familia Real y hasta hemos convertido en algo normal y *cool* el votar a partidos diferentes de PP y PSOE, que ahora no son otra cosa que los partidos del régimen. La fragmentación del bipartidismo, la participación activa en política de una ciudadanía que llevaba años en la apatía o el desprestigio de instituciones como la Monarquía, con el consiguiente debate sobre su permanencia, son el pan nuestro de cada día en las tertulias políticas en *prime time*, que han pasado de ser sesudas disquisiciones intelectuales a espectáculos donde el político o políticos de moda se interrumpen constantemente con los periodistas estrella del momento, mientras el público vitorea o abuchea al bando con el que se identifica más ese sábado por la noche. Es la democracia de audiencia de la que hablaba el politólogo francés Bernard Manin a finales de los noventa, donde los platós han desplazado a los parlamentos.

En las líneas que continúan pretendo explicar qué ha ocurrido en nuestro país en los últimos 5 años para llegar a este escenario "marciano" de 2016. Qué sucesos han influido y han hecho cambiar la actitud ante la política y el comportamiento político de los españoles y españolas en este periodo de tiempo tan corto, pero que tan importante ha resultado para nuestra historia. Como digo, estos acontecimientos que nos han cambiado la vida (política) en tan sólo 5 años son los que pretendo relatar en las páginas que siguen. Para ello, no me he detenido demasiado en las causas y consecuencias de cada uno de ellos, ya que no era mi pretensión llegar al lector con un minucioso tratado que solo pudiese estudiarse por científicos sociales.

En cuanto al orden de los hechos, advertirá el lector

que es cronológico y no temático. Y no porque unos hechos deriven necesariamente en los del capítulo siguiente (aunque en ocasiones así es), sino porque he considerado que optar por este orden ofrece al relato una continuidad necesaria para su lectura como un único proceso y no como la mera agregación forzada de procesos independientes.

Únicamente he pretendido pues, el ofrecer al lector un relato de los hechos que a mi juicio son importantes para entender el cambio que se ha producido en nuestro país, haciéndome cargo de que seguramente falten hitos fundamentales según la opinión del que lee estas líneas. Sin embargo, no he querido ceñirme únicamente al relato en sí, sino que he buscado ir más allá, buceando entre las diversas causas que han propiciado esos acontecimientos

1 LA RENDICIÓN DE ZAPATERO

Empieza este capítulo con el hecho que inaugura el cambio en la historia reciente de nuestro país. El 12 de mayo de 2010, el por entonces Presidente del Gobierno, José Luis Rodríguez Zapatero, anunció en el Congreso de los Diputados el mayor recorte social de la historia de nuestro país en Democracia con, entre otras medidas, la congelación de las pensiones, la bajada del 5% del sueldo de los funcionarios, la eliminación del cheque bebé[1], o la disminución en 6000 millones de la inversión pública.

[1] El cheque bebé fue una prestación económica de pago único de la Seguridad Social por nacimiento o adopción de 2500 euros, aprobada en 2007 mediante la Ley 35/2007, de 15 de noviembre, por la que se establece la deducción por nacimiento o adopción en el Impuesto sobre la Renta de las Personas Físicas y la prestación económica de pago único de la Seguridad Social por nacimiento o adopción.

Estas fueron las palabras concretas del Presidente en el Congreso: "*Vamos a pedir un mayor esfuerzo a todos, en primer lugar a la sociedad española, a los ciudadanos, pero también a las administraciones públicas; un esfuerzo nacional, colectivo, procurando también que sea equitativo y justificado, justificado por su distribución y por el fin que perseguimos con él. Por todo ello, el Gobierno ha decidido: reducir las retribuciones del personal del sector público en un 5 por ciento de media a partir de junio de 2010 y congelarlas en 2011; los miembros del Gobierno y los demás altos cargos tendrán una reducción superior al último tramo de la escala que se establezca para los empleados públicos. Suspender para 2011 la revalorización de las pensiones, excluyendo las no contributivas y las pensiones mínimas. Eliminar el régimen transitorio para la jubilación parcial previsto en la Ley 40/2007. Eliminar la prestación por nacimiento de 2.500 euros a partir del 1 de enero de 2011. (Rumores.) Reducir los gastos en farmacia mediante una revisión del precio de los medicamentos excluidos del sistema de precios de referencia y mediante la adecuación del número de unidades de los envases de los medicamentos a la duración estandarizada de los tratamientos, así como dispensación de medicamentos en unidosis. Suprimir para los nuevos solicitantes la retroactividad del pago de prestaciones por dependencia el día de presentación de la solicitud, estableciéndose paralelamente un plazo máximo de resolución de seis meses cuyo incumplimiento llevará aparejada retroactividad desde esa fecha. Se dispone asimismo una reducción entre 2010 y 2011 de 600 millones de euros en la ayuda oficial al desarrollo. Se prevé una reducción de 6.045 millones de euros entre 2010 y 2011 en la inversión pública estatal y se prevé un ahorro adicional de 1.200 millones de euros por parte de las comunidades autónomas y las entidades locales."[23]*

Dio las gracias el Presidente Zapatero y se marchó de nuevo a su escaño, ante el aplauso en pie del Grupo Parlamentario Socialista, que por aquel entonces, quién sabe si viera las negras nubes de su horizonte.

Zapatero aquel día actuó como hombre de Estado por encima de todo, y digo esto, porque ese día se olvidó —o se vio forzado a olvidarse- de que era el Secretario General del PSOE, el partido defensor de las políticas contrarias a todo lo que había anunciado en aquella mañana de mayo. Miento, no se olvidó del todo. Dijo, y cumplió, que no tocaría los pilares básicos del Estado del

---

[2] Diario de Sesiones del Congreso de los Diputados, 12 de mayo de 2010.

[3] Para conocer más sobre los días previos a la comparecencia en el Congreso del 12 de mayo de 2010, y en particular, para conocer las motivaciones que en, su fuero interno, determinaron a Rodríguez Zapatero a su adopción, cabe recomendar aquí la lectura de sus memorias ("El Dilema") en especial y de otros testimonios que no cuenten con el tinte autoexculpatorio con el que cuentan todas las memorias.

bienestar: la sanidad y la educación. Pero esa medida no maquillaba lo que había pasado: un socialdemócrata, una persona que cree o debe creer en la importancia de la inversión pública, en la ayuda al desarrollo, y sobre todo, en que las crisis económicas no se solucionan con recortes del gasto público, sino con el aumento de los ingresos, se entregó a las vías de la derecha para solucionar el problema de la crisis. Ninguna, entre las medidas "estrella" de ese 12 de mayo, consistía en aumentar los ingresos públicos.

Estas medidas provocaron un estupor espectacular entre los cuadros medios del PSOE y su militancia pero sobre todo en la opinión pública. Estupor mensurable en la valoración del Presidente Zapatero y en la intención directa de voto al PSOE antes (abril de 2010[4]) y después de aquel fatídico 12 de mayo (julio de 2010[5]). La valoración de José Luis Rodríguez Zapatero pasó de un 3,72 a un 3,48, pero lo más grave se pudo observar en la intención directa de voto, donde el PSOE pasó del 24,5 al 20,8%, cediendo tras este anuncio al PP la primera

[4] Estudio 2834, Barómetro de abril, CIS, abril de 2010.

[5] Estudio 2843, Barómetro de julio, CIS, julio de 2010.

posición definitivamente, quedándose anclado en cifras cercanas al 20% de intención directa de voto hasta su derrota electoral en noviembre de 2011. En la misma línea se manifestó un sondeo de Metroscopia publicado en el diario EL PAÍS el 16 de mayo de 2010, en el que el PP consigue aumentar de 4,2 puntos hasta 9,1 puntos su distancia con el PSOE en estimación de voto, dejando a este último en un resultado incluso peor al que consiguiera Joaquín Almunia en las elecciones generales de 2000[6].

Este paquete de medidas económicas neoliberales se completó con la Reforma Laboral, cuyos rasgos más característicos fueron la ampliación de los grupos de trabajadores que recibirían indemnización de 33 días por año trabajado en caso de despido improcedente, la facilitación de los despidos con indemnización de 20 días por año trabajado en base a causas económicas (hasta ese momento era de 45 días por año trabajado), entendiendo las causas económicas *"cuando de los resultados de la empresa se desprenda una situación económica negativa, en casos tales como la existencia de pérdidas actuales o previstas, o la disminución*

---

[6] *El País (Ed. Digital),* 16 de mayo de 2010.

persistente de su nivel de ingresos, que puedan afectar a su viabilidad o a su capacidad de mantener el volumen de empleo"[7], la posibilidad de la suspensión de las condiciones de los convenios laborales en situaciones de crisis o la penalización de los contratos temporales, entre otras.

La Reforma Laboral de 2010 causó un importante rechazo social, que culminó con la convocatoria de una Huelga General para el 29 de septiembre de ese año por parte de UGT y CCOO, la cual se saldó con un resultado desigual según el sector de actividad, aunque fue calificada de éxito por los sindicatos. Sin embargo, debemos atender más al carácter simbólico de la huelga que a su éxito en términos absolutos. Y es que esta fue la primera huelga que se le planteó al Gobierno socialista, la huelga que rompió la concordia social que había comenzado con la firma de los acuerdos sociales de la primera legislatura de Zapatero y la huelga que arrebató simbólicamente la muleta sindical con la que cuenta (o debería contar) un gobierno de izquierdas que llega al poder.

---

[7] Real Decreto Ley 10/2010, de 16 de junio, de medidas urgentes para la reforma del mercado de trabajo.

Por último, el hecho que da la puntilla al Gobierno socialista y al PSOE como partido se produce un año después, en septiembre de 2011. Me refiero, como no puede ser de otra manera, a la reforma del artículo 135 de la Constitución Española. Era la segunda reforma de la Constitución desde su promulgación en 1978[8]. El PSOE aprobó junto con el PP una reforma constitucional que introducía los principios de estabilidad presupuestaria y sostenibilidad financiera, y que también introducía algo que irritó especialmente al electorado progresista de nuestro país: el pago prioritario de la deuda y los intereses de la misma respecto a cualquier otro gasto al que hubiese que hacer frente. Esta reforma la justificaron el PSOE y José Luis Rodríguez Zapatero como consecuencia de las presiones del BCE y en atención a hacer frente al acoso que sufría España en los mercados, que le impedían financiarse a precios razonables. Sin embargo, caló mucho más en la población lo negativo del artículo respecto de las circunstancias supuestamente positivas que traía la modificación constitucional. A todo esto se

---

[8] La primera se produjo en 1992, para adaptar al Tratado de Maastricht de la UE a nuestra Constitución con tal de permitir el derecho de sufragio pasivo en las elecciones municipales a los ciudadanos comunitarios europeos que no tuviesen la nacionalidad española.

añadió la rapidez con la que se reformó una norma, el texto constitucional, que se había declarado como casi irreformable por parte de los dos grandes partidos en numerosas ocasiones. También se negaron PP y PSOE a la celebración del referéndum que permitía el artículo 167 de la Constitución española, referéndum que debía haber sido pedido al menos por 35 diputados, cifra que sólo alcanzaban los Grupos Parlamentarios Popular y Socialista.

La votación de la reforma constitucional se saldó con 316 votos a favor y 5 en contra, ausentándose de la votación los Diputados pertenecientes a la corriente del PSOE Izquierda Socialista; votando en contra el Diputado Antonio Gutiérrez (Ex Secretario General de CC.OO.) y otro diputado socialista que votó por error; además de CC y UPyD; no votando ERC, ICV, IU, PNV, NaBai y BNG.

¿Por qué Zapatero asumió la carga de ser él, un socialdemócrata, quien se entregó a las recetas neoliberales para salir de la crisis? ¿Por qué no dimitió y convocó elecciones generales? ¿Por qué pudo más la responsabilidad que los principios? Desde aquí se desconoce lo que hubiera pasado si Zapatero aquel 12 de mayo de 2010 hubiera anunciado en el Congreso su dimisión en vez de aplicar el paquete de medidas neoliberales. Quizás España hoy estaría en la situación de Grecia o Italia, que fueron no sólo intervenidas económicamente, sino también políticamente, con la imposición de gobiernos tecnócratas como el de Mario Monti. O quizás, y sólo quizás, si hubiese dimitido como lo hizo el Primer Ministro portugués, el socialista José Sócrates, al no aprobar el Parlamento su paquete de medidas, hubiera salvado a su partido de la quema.

Porque toca hablar ahora del otro gran damnificado. Zapatero quedó para muchos españoles como el hombre que hundió económicamente al país, llegando a calificársele con burlas y mofas como "ZParo", olvidándose rápidamente de todos los avances sociales de su primera legislatura. Pero, ¿cómo quedó la imagen del PSOE? El PSOE fue el gran damnificado por la medida adoptada por José Luis Rodríguez Zapatero. En primer lugar, porque el partido inmediatamente arruinó sus opciones electorales al tirar a la basura su Secretario General el fuerte debate ideológico que había desarrollado

–y liderado– hasta entonces el PSOE y reorientarlo hacia "la gestión", el debate donde el PP se ha sentido siempre muy cómodo y que capitaliza mejor que nadie, como pudimos comprobar en los resultados electorales de noviembre de 2011. En segundo lugar, porque aquí empezó el hundimiento del PSOE a medio plazo. De hechos como este, surgió la consigna del "PPSOE", el "todos son iguales", el "aplican las mismas recetas sean de izquierdas o de derechas", que tanto éxito tuvo en el 15 M y que tan bien ha funcionado con partidos políticos de los que luego hablaré, reorientando el debate izquierda-derecha hacia el nueva política-vieja política. Y en tercer lugar, porque fue una decisión que sentó como una patada en el estómago a la militancia socialista, tradicionalmente más a la izquierda que sus dirigentes, y al fin y al cabo, la encargada de sufrir en su propias carnes las críticas, reproches e incluso insultos de la ciudadanía a la hora de explicar estas medidas. La militancia socialista soportó una erosión que muchos veían como injusta internamente, al tener que ser ellos los que daban unas explicaciones en las que no creían en absoluto, actuando como altavoces (los que hicieron gala de su responsabilidad) de las indicaciones de Ferraz más que como militantes comprometidos y concienciados con el proyecto de su partido.

Fueron estos tres factores, unidos a muchos otros que me resulta imposible citar sin alargarme demasiado, los que provocaron la caída (no total) del gran partido de la primera década del siglo XXI en nuestro país, el partido que volvió a hacer una política atractiva para la ciudadanía tras la época más oscura del Gobierno de Aznar, el partido de un Zapatero que al principio era visto como un político amable y cercano y que se fue considerado por muchos como el peor Presidente de la Democracia. Ese 12 de mayo de 2010 comenzó a cambiar todo en nuestro país.

2 CATALUNYA TRIUNFANT

"Apoyaré la reforma del Estatuto que apruebe el Parlamento Catalán". Esas fueron las palabras del entonces únicamente candidato a la Moncloa por el PSOE, José Luis Rodríguez Zapatero. El público entregado en aplausos ante semejante promesa. Era un 14 de noviembre de 2003 en Barcelona, ante 20 000 personas. El PSC[9] tenía ante sí desalojar a Jordi Pujol de la *Generalitat* después de 23 años de gobiernos de CiU y la cita merecía volcarse con una declaración como esta.

---

[9] El Partit dels Socialistes de Catalunya (PSC) es el partido asociado al PSOE, aunque independiente de éste, que le representa en Cataluña. Fue creado en 1978 mediante la fusión de los tres partidos socialistas catalanes por aquel entonces: el PSC-Congrès, el PSC-Reagrupament y la Federación Catalana del PSOE.

Maragall, candidato del PSC, conseguiría finalmente ser el nuevo *President* gracias al apoyo de la ERC de Carod Rovira y de la ICV-EUiA[10] de Joan Saura, dando inicio al Tripartito que gobernó Cataluña primero con él mismo, y después con José Montilla desde 2006. El nuevo Estatuto se aprobaría en el Congreso de los Diputados primero, y después sería ratificado en referéndum por el pueblo de Cataluña, con un 48,85% de participación.

Hecha una pequeña introducción de la cuestión catalana, debemos ir al hito que relatamos en este capítulo: la Sentencia del Tribunal Constitucional de 28 de junio de 2010 que estimó en parte el recurso de inconstitucionalidad presentado por el PP en 2006. La sentencia declaró inconstitucionales (en parte) 14 artículos y advertía de que no eran inconstitucionales 23 artículos, eso sí, siempre que se interpretasen de acuerdo con el fallo de la Sentencia. El PP, en su recurso, había impugnado 114 de los 223 artículos del texto.

Así pues, si tenemos en cuenta que de los 114 artículos impugnados, sólo 14 resultaron inconstitucionales, la Sentencia tendría que ser motivo de

[10] Siglas de Iniciativa per Catalunya Verds- Esquerra Unida i Alternativa.

celebración para el bloque favorable al nuevo Estatuto y motivo de derrota para el PP. Nada más lejos de la realidad. La Sentencia del TC provocó una reacción tremenda en gran parte del pueblo catalán. El *President* Montilla (del PSC), indignado, dijo "No hay tribunal que pueda juzgar nuestros sentimientos ni nuestra voluntad. Somos una nación"[11]. Artur Mas, líder de la oposición por aquel entonces, se manifestó en los mismos términos. El Presidente de ERC; Joan Puigcercós, declaró que la Sentencia era la estocada mortal al Estatuto y que evidenciaba que una parte de la ciudadanía española no cabía en la Constitución, lo que provocaría el crecimiento de los convencidos por la vía del "Estado propio"[12].

Y es que, si bien sólo 14 artículos de los 223 habían sido declarados inconstitucionales, la Sentencia había hecho un daño de magnitudes importantísimas a una gran parte de los partidos políticos y de la opinión pública catalana. ¿Cómo? Muy sencillo. La culpable fue esta frase: "Carecen de eficacia jurídica interpretativa las referencias del Preámbulo del Estatuto de Cataluña a 'Cataluña como

---

[11] *El País (Ed. Digital)*, 28 de junio de 2010.

[12] *Europa Press*, 28 de junio de 2010.

nación' y a 'la realidad nacional de Cataluña'"[13]. Con esta frase, el Tribunal Constitucional estaba diciendo de facto que en el fondo no había más nación que la española, por mucho que durante años el pacto político con las llamadas "nacionalidades históricas" hubiera pivotado en torno al reconocimiento de España como "nación de naciones", o como Estado con varias naciones en su interior, si se prefiere. Para muchos catalanes, decir esto fue un insulto a todas sus creencias, a su forma de entender la convivencia con el resto de España. Y por aquel entonces, no era una cuestión de independentistas. Partidos como CiU o el PSC, reconocidamente catalanistas pero no independentistas, bramaron contra esa frase. Los símbolos son importantes en política y el ataque a un símbolo como era el concepto de nación fue tremendamente duro de digerir por muchas personas en Cataluña.

Tanto es así, que esta sentencia ha sido utilizada (queda a juicio del lector el decidir si interesadamente o no) como el detonante del actual proceso soberanista que vive Cataluña. Véanse como ejemplo las declaraciones de

---

Oriol Junqueras, actual Presidente de ERC "el origen de la situación actual es una sentencia del TC en contra del Estatut, por lo que no es una sorpresa ni una novedad que este tribunal esté en contra de la voluntad mayoritaria del pueblo de Cataluña"[14] o el programa electoral de CiU para las elecciones de noviembre de 2012[15].

Las reacciones de todos los partidos políticos de Cataluña se materializaron en una multitudinaria manifestación que se celebró en Barcelona el 10 de julio de 2010, organizada por Omnium Cultural, una de las organizaciones que han pilotado el proceso soberanista catalán en la sociedad civil. Bajo el lema "som una nació, nosaltres decidim" (somos una nación, nosotros decidimos), se congregaron decenas de miles de catalanes, que adornaron la marcha con *senyeras* –aunque también

---

[14] *El País (Ed. Digital)*, 29 de septiembre de 2014.

[15] *"En ese momento, el mes de julio de 2010, en Cataluña, se llegó a un consenso muy amplio en el sentido de que la vía seguida hasta entonces para conseguir el encaje de nuestro país en España había resultado infructuoso y ya no daba más de sí. Con una cierta sensación de frustración, se constataba que estábamos abocados a una especie de callejón sin salida. La conclusión era clara: o renunciábamos a nuestra voluntad de mayor reconocimiento y mayores cotas de autogobierno -en definitiva, renunciábamos a lo que somos diluyendo en una región administrativa, homogeneizada, casi folclórica- o iniciábamos una nueva etapa"* en Programa electoral de Convergència i Unió para las elecciones de noviembre de 2012, PP. 1-16, en http://www.ciu.cat/media/76990.pdf.

hubo ya muchas *esteladas-* y con lemas que iban desde la defensa del Estatuto a otros muchos que abogaban abiertamente por la vía soberanista en sus proclamas. Aquella del 10 de julio del 2010, fue considerada en su momento como la manifestación más grande de la historia democrática de Cataluña, mayor incluso que la celebrada en 1977 bajo el célebre lema *"llibertat, amnistía, estatut d'autonomia"*. Montilla, el *President* de la *Generalitat*, tuvo que salir escoltado ante los gritos de *botifler* (traidor) que le llovían a su alrededor y ante alguna que otra tentativa de agresión de manifestantes exaltados.

Quienes consiguieron incluir en el fallo de la sentencia que el término "nación" no tuviera eficacia jurídica fueron los jueces conservadores del Tribunal Constitucional, que con la inestimable ayuda del progresista Manuel Aragón, ganaron la votación por 6 votos a 4.

¿Cuáles hubieran sido las consecuencias de no aclarar que Cataluña no es una nación en términos jurídicos? ¿Era necesaria una declaración como esta? ¿No hubiera bastado incluir en el texto del fallo que Cataluña era una nación, pero siempre dentro de la indisoluble unidad de la nación española, como dice el artículo 2 de nuestra Constitución? ¿Hubiera sido la misma la reacción de la sociedad catalana, de no incluir esa referencia? ¿Quienes votaron a favor de incluir esa mención eran conscientes del proceso que despertaban?

Puede ser que fuese innecesario hacer una declaración de esas características en el fallo de una Sentencia, porque nunca el pilar fundamental del pacto constitucional que incluye a Cataluña dentro de España había sido cuestionado por la gran mayoría de fuerzas políticas catalanas y porque tampoco nunca había sido cuestionado por la ciudadanía catalana. Porque la posibilidad de crear un proceso secesionista sólido sólo necesitaba una excusa, y aquí se estaba dando. Pero también puede ser que no negar la eficacia jurídica a esta declaración implicaba el reconocer la libre determinación de las nacionalidades que componen España y que, por tanto, era necesario dejar claro que la unidad es verdaderamente indisoluble. Allá cada uno con sus conclusiones.

Unos meses después, José Montilla, en su declaración convocando elecciones al *Parlament* para el 27 de noviembre de 2010, dijo esto, haciendo gala de una capacidad predictiva considerable: "Que la gente sea consciente del momento extraordinario que nos toca vivir. Decidiréis el camino que queréis seguir. No es el de una legislatura: sino también el de toda una generación. Pensad en las consecuencias de vuestro voto"[16].

Las elecciones las ganó CiU con Artur Mas al frente, consiguiendo 62 escaños por los 28 en los que se quedó el PSC de un total de 135 escaños. La victoria de CiU no sólo enterró los gobiernos del tripartito para siempre, sino que comenzó a dejar fuera del poder a la única fuerza de entidad sin tentaciones soberanistas (a pesar de su catalanismo), el PSC, que culminaría su declive en mayo del año siguiente, al perder las otras dos joyas de la corona que tenía: el Ayuntamiento y la Diputación de Barcelona.

Lo que pasó después, lo contaré en uno de los siguientes capítulos, pero se puede concluir aquí que la construcción de la *Catalunya triunfant* ante el enemigo español, tan ufano y tan soberbio, tomaba cuerpo tras el episodio narrado en estas líneas.

---

[16] *El País (Ed. Digital)*, 7 de septiembre de 2010.

3 ¡QUE NO NOS REPRESENTAN!

La frase que titula el presente capítulo es la estrella de las reivindicaciones del movimiento 15-M, un movimiento de protesta social que se materializó en las acampadas de la Puerta del Sol tras la manifestación celebrada en Madrid el 15 de mayo de 2011, apenas a unos días de las elecciones municipales y autonómicas de ese año.

Esta manifestación y acampadas fueron tremendamente significativas en el escenario político español. En primer lugar, por significar la vuelta de la ciudadanía a las calles, rompiendo con el tradicional cliché de desinterés por la política que acompañaba a la población española. Desde los movimientos de protesta al final del Gobierno de Aznar, concretados en la Huelga General de 2002 y en las marchas de 2003 contra la Guerra de Irak y contra la gestión del Gobierno en la catástrofe natural del Prestige[17], no se había registrado un movimiento de tal calibre en la sociedad civil de nuestro país. En segundo lugar, por lo que se planteaba. Anteriormente, la motivación de otras manifestaciones estaba en la gestión de un determinado asunto por el Gobierno de un partido determinado; en el 15M no.

Contra lo que se manifestó el 15M fue contra el sistema político en su conjunto. Contra el llamado régimen bipartidista compuesto por el PP y el PSOE que permitía una alternancia sin un cambio real, contra la violación sistemática de los derechos fundamentales recogidos en la Constitución o contra la corrupción. En definitiva, contra el conjunto del sistema. Esta crítica total al sistema se concretó en una serie de propuestas que, entre otras, pretendían acabar con los privilegios de la clase política (tales como la imprescriptibilidad de los delitos de corrupción y la reducción de los cargos de libre

---

[17] Habría que incluir también aquí las caceroladas en la sede nacional del PP y demás concentraciones ante la gestión del Gobierno del PP de los hechos acaecidos tras los atentados del 11 de marzo de 2004.

designación), garantizar el derecho a la vivienda, asegurar la prestación de servicios públicos de calidad, controlar las entidades bancarias o establecer una serie de medidas de choque contra el desempleo[18].

Pero, ¿cómo se creó el 15M? En primer lugar, debemos tener en cuenta el contexto que rodea la creación del movimiento 15M. En España existía un estado de decepción y desánimo con los últimos coletazos del Gobierno socialista de Zapatero, que habían llevado a la celebración de una Huelga General el 29 de septiembre del 2010. Poco tiempo después, se publicó el "¡Indignaos!" de Stephane Hessel, considerado por muchos como el inspirador intelectual del movimiento.

En este contexto nació el movimiento "Democracia Real Ya" o "DRY", tras la unión en la plataforma de varios grupos conocidos en internet como Anonymous, ADESORG, Ponte en Pie, Estado del Malestar, No les votes o Juventud en Acción unos meses antes de las manifestaciones del 15 M. Esta plataforma creó una hábil estrategia en redes que les llevó a convocar marchas en

---

[18] El conjunto de las propuestas se encuentra en el Manifiesto de Democracia Real Ya, en http://www.democraciarealya.es/documento-transversal/

muchas ciudades españoles para el 15 de mayo y a tener cierta repercusión en los medios de comunicación.

Aunque pudiese parecer lo contrario, las marchas en sí fueron un completo fracaso si tenemos en cuenta los ambiciosos objetivos que se proponían los organizadores, ya que a la de Madrid asistieron según la policía municipal apenas 20 000 manifestantes. Sin embargo, no es en las marchas en sí donde debemos centrar nuestra atención para calibrar el éxito –o el principio del éxito- del 15M. Donde debemos fijarnos es en los momentos inmediatamente posteriores a la conclusión de la marcha en Madrid, cuando un grupo de personas decidió acampar a modo de protesta en la Puerta del Sol, lugar en el que finalizaba la marcha.

Este grupo de personas, que apenas pasaba de la centena, fue violentamente desalojada por las fuerzas antidisturbios de la Policía Nacional en la madrugada del 16 de mayo. Ante el desalojo, se convocaron protestas para el día 17 a las 20 horas a lo largo de todo el país. En Madrid, se formó una segunda acampada, que no sería ya objeto de desalojo por la policía, con la intención de permanecer cuanto menos hasta la celebración de las elecciones locales y autonómicas del domingo 22 de mayo. En la Puerta del Sol se creó una estructura a partir de varias comisiones para la organización de la protesta, como por ejemplo la comisión de limpieza, la comisión de comunicación o la comisión legal. Esta estructura de concentración de protesta permanente se reprodujo en las principales ciudades del país.

Durante el mes que duró la acampada en Madrid, antes de su descentralización y como consecuencia de este, del desmantelamiento de la estructura de la Puerta del Sol, se generó un constante espacio de debate que llevó al alumbramiento de varias propuestas tales como la reforma electoral, la total separación de los poderes legislativo, ejecutivo y judicial o la condena de la corrupción, plasmada en las propuestas de prohibición de formar parte de las listas de los partidos políticos a imputados o condenados por corrupción o la total transparencia en las cuentas de los partidos políticos.

Pero más allá de las propuestas concretas, que por cierto han pasado a engrosar el argumentario de gran parte de los partidos que forman parte del sistema político actual y en especial de los partidos políticos emergentes, las principales consecuencias del 15M en la vida política del país fueron, por una parte, la vuelta a la proactividad de la ciudadanía como grupo y el consiguiente paso a una posición reactiva de los partidos políticos, tradicionales copadores de la participación política en España. Por otra parte, a partir de entonces, entraron en juego en España una serie de condicionantes del sistema político hasta la actualidad, aunque se escenificasen posteriormente. El más importante de ellos es el clivaje arriba/abajo o viejo/nuevo, que pasa, si no a sustituir, al menos a pugnar duramente con el clivaje izquierda/derecha para orientar el comportamiento político y por ende, el voto de los ciudadanos en las elecciones, lo que se comprobaría meses más tarde con la irrupción de Podemos y de Pablo Iglesias en el sistema de partidos tras las elecciones europeas del 25 de mayo de 2014, y más tarde con la irrupción de Ciudadanos en el escenario político nacional.

Sin embargo, el 15M dejó una gran grieta sin cerrar, y es que en un sistema político como el español, donde la participación política tiene como protagonistas a los partidos políticos, el movimiento prefirió constituirse como apartidista y abordar la protesta como un movimiento desvinculado del sistema de partidos. Tendrían que pasar 3 años y una negociación fallida con IU, para que antiguos ideólogos de esta fuerza política, como Pablo Iglesias, Juan Carlos Monedero o Íñigo Errejón, decidiesen cerrar el círculo que el 15M había abierto en la sociedad española con la creación de Podemos, formación política que muchos españoles han situado como heredera natural de la indignación surgida el 15 de mayo de 2011, y cuyas perspectivas (y resultados) electorales dan fe de que ha sido la fuerza que ha articulado el descontento latente en muchos españoles ante el sistema político actual, escenificando la ruptura del bipartidismo y, por tanto, el cumplimiento de uno de los objetivos capitales de los que crearon el 15M. Pero de Podemos hablaremos más adelante.

4 TODO EL PODER PARA EL PP

El lunes 21 de noviembre de 2011 España se levantó
con la mayor mayoría absoluta desde que Felipe González
ganase las elecciones generales de 1982 con los famosos
202 diputados (de 350 posibles). Mariano Rajoy y el PP
habían conseguido nada más y nada menos que 186
escaños, por los 110 diputados cosechados por el hasta
entonces partido en el Gobierno, el PSOE de Zapatero y
de Rubalcaba, candidato elegido para disputarle al PP
aquellas elecciones generales. Las palabras del periodista
de El País Carlos E. Cué al comenzar su crónica sobre la
noche electoral explican perfectamente lo que ocurrió:
*"España ya no tiene miedo al PP. Tan poco le teme que anoche le
entregó el mayor poder que ha tenido un partido desde 1982.*

Incluso superior. Un control absoluto para hacer frente a la crisis económica con las manos libres. Y para asumir solo el coste. Entre el temor a los recortes del PP, que alentó el PSOE, y el castigo a los socialistas por la crisis económica, ha podido mucho más este último: el PSOE se desploma (pierde 4,4 millones de votos) mientras el PP solo sube 550.000. Los populares cabalgan así sobre el hundimiento socialista"[19].

El cambio de ciclo electoral era ya un hecho desde las elecciones municipales y autonómicas de mayo de aquel 2011, donde el PP revalidó mayorías absolutas en Madrid, Comunidad Valenciana, Castilla y León, Murcia, la Rioja, Ceuta y Melilla. El PP ganó el Gobierno al PSOE en Aragón, Castilla-la Mancha, Extremadura (gracias a la abstención antinatura de IU en la investidura), Baleares y Cantabria, arrebatándole el Gobierno a Miguel Ángel Revilla. En Canarias, Coalición Canaria y el PSOE alcanzaron un pacto de Gobierno. En Navarra, gobernaría la conservadora Unión del Pueblo Navarro (UPN) gracias a los votos del Partido Socialista de Navarra. En Asturias, los resultados electorales llevaron a la investidura a Francisco Álvarez Cascos y su Foro

---

[19] *El País (Ed. Digital)*, 21 de noviembre de 2011.

Asturias, partido creado por aquel tras descartarle Rajoy como candidato del PP a la Presidencia de Asturias, que consiguió tan sólo 16 de los 35 diputados de la Junta General del Principado. Esta situación inestable desembocaría en la disolución de la cámara regional y la convocatoria de elecciones anticipadas para el 25 de marzo de 2012, que darían el gobierno al PSOE de Javier Fernández tras conseguir el apoyo de IU y UPyD.

La misma circunstancia se dio en las elecciones locales, celebradas también el 22 de mayo de 2011. El PP consiguió en Madrid su séptima mayoría absoluta consecutiva, Barcelona pasó a CiU tras 32 años de gobiernos socialistas, en Valencia ganaría de nuevo la popular Rita Barberá y el PP también conseguiría Sevilla. En definitiva, el PP logró en las locales más de 2 millones de votos de diferencia con respecto al PSOE y se hizo con el 41% de las alcaldías, por el 23% de los socialistas[20], que únicamente supieron retener la alcaldía de Zaragoza en manos del ex ministro Juan Alberto Belloch.

Así pues, ese 20 de noviembre de 2011 el PP cerró el

---

[20] Resultados de las elecciones locales de 2011, en http://elecciones.mir.es/resultados2011/99MU/DMU99999TO_L1.htm

círculo del poder territorial. Ya gobernaba en las principales ciudades del país excepto Barcelona, en 11 de las 17 Comunidades Autónomas, en las Diputaciones Provinciales y en Ceuta y Melilla. Y desde aquel día también en el Estado. El mayor poder territorial conocido en Democracia al servicio de Mariano Rajoy, que tuvo que ganar a la tercera al igual que Aznar, pero con una única diferencia. Aznar había derribado a Felipe González en el enfrentamiento directo, cosa que Rajoy no conseguiría nunca con Zapatero, pues a quien ganó fue a Rubalcaba, designado candidato socialista a la Presidencia del Gobierno tras la retirada de Zapatero.

Pero digamos algo de los candidatos a aquellos comicios del 20N. Rajoy fue designado candidato a la Presidencia del Gobierno sin mayor problema, ya superadas las turbulencias provocadas por la derrota electoral y el famoso Congreso del PP de Valencia en 2008, donde Esperanza Aguirre y los fieles al *aznarismo* maniobraron entre bambalinas y amagaron abiertamente con disputarle la Presidencia a Mariano Rajoy.

Rubalcaba en realidad también fue designado sin oponente directo, puesto que todas las posibles piedras ya se habían apartado del camino previamente, una vez Zapatero había dejado claro que no sería candidato otra vez. En primer lugar, la petición del *Lehendakari* Patxi López de un Congreso Extraordinario para que el candidato fuera también el Secretario General del PSOE, con tal de que tuviera toda la autoridad y la legitimidad posible para afrontar la cita electoral, fue desactivada por la dirección federal. En segundo lugar, la única rival que hubiera planteado problemas a la victoria en las primarias, la Ministra de Defensa Carme Chacón, se retiró de la pugna. Fue en esta comparecencia cuando pronunció su famosa frase "doy un paso atrás para que el PSOE dé un paso hacia adelante". Chacón dijo que era una decisión individual y autónoma pero la duda se situó sobre la decisión, al entender muchos que la Ministra había sido presionada para dejar de lado su candidatura a las primarias y dejar expedito el camino a Rubalcaba. Por otra parte, no faltaron los que situaron la decisión en términos estratégicos, quienes sostuvieron que Chacón sólo daba el paso atrás para salvarse de la más que posible derrota espectacular que se avecinaba en las elecciones, y así poder presentarse como la "esperanza blanca" socialista en el Congreso que sustituyese a José Luis

Rodríguez Zapatero como Secretario General.

Rubalcaba fue proclamado candidato a la Presidencia del Gobierno por el Comité Federal del PSOE el 9 de julio de 2011. Ya estaban elegidos los dos candidatos de los grandes partidos españoles, así que sólo faltaba conocer la fecha en la que se celebrarían elecciones generales, que estaban previstas, en principio, para marzo de 2012.

Sin embargo, el adelanto electoral llegó tan sólo 20 días después de la designación de Rubalcaba. Un serio Zapatero lo anunciaba en la Moncloa, motivando su decisión en el interés general, la responsabilidad institucional y la intención de que fuese un nuevo Gobierno el que cogiese las riendas del país el 1 de enero de 2012. El adelanto electoral no hacía sino confirmar lo que era un secreto a voces, que el Presidente Zapatero no acabaría su segunda legislatura en el poder. La legislatura que había cambiado radicalmente para muchos españoles, los 4 años en que pasó de ser para muchos el Presidente que defendió a ultranza y amplió los derechos sociales a convertirse en el traidor que no dudó en utilizar medidas económicas liberales para aplacar a los mercados, tirando a la basura su ideología socialdemócrata sin inmutarse.

Las elecciones serían el domingo 20 de noviembre, efeméride de la muerte del dictador Franco. Hasta entonces, 4 meses en los que el resultado electoral estaba cantado. Para más inri, el PSOE dinamitó las pocas opciones que tenía el día que pactó con el PP la reforma del artículo 135 CE (de la que se habla más concretamente en el Capítulo 1) en septiembre de 2011, no tanto por la reforma en sí, sino por la sensación de pacto a escondidas que se llevó gran parte del electorado socialista o que había votado PSOE en alguna convocatoria electoral.

Esta sensación de que todo el pescado estaba vendido la corroboró el CIS con los resultados arrojados por sus barómetros, ya que en todos se daba ganador al PP con un porcentaje en estimación de voto superior al 40%, quedando siempre el PSOE por debajo del 35%; circunstancia que se agravó en el preelectoral de octubre de 2011, que dio al PP un resultado que le ponía por encima del 45% en estimación de voto, dejando a los socialistas por debajo del 30%, y que aumentaba la representación de formaciones como IU, UPyD, CiU o Amaiur, la organización representante de la izquierda abertzale vasca, que volvería al Parlamento del Estado después de muchos años[21].

Ni siquiera el anuncio de ETA por el que ponía fin a su actividad armada apenas a un mes de las elecciones, y del que el candidato Rubalcaba tenía gran culpa en sus años como Ministro del Interior, evitaría lo inevitable. Sólo quedaba por saber pues, cómo sería de abultada la victoria del PP, o la derrota del PSOE.

La campaña electoral fue más la previa de la victoria de Rajoy que un periodo en el que se lucha por los votos que están en el aire. Y eso que un voluntarioso Rubalcaba salió a ganar el debate que enfrentó a los dos grandes partidos en TVE, moderado por Manuel Campo Vidal. Sin embargo, su estrategia agresiva, consistente en sacar de quicio a Rajoy mediante un acoso a preguntas que trataba de hacer ver a los televidentes las sombras del programa del PP, no consiguió hacerse con la victoria. La victoria fue por escaso margen para Rajoy. Un Rajoy que

---

[21] Estudio 2915, Preelectoral de las elecciones generales de 2011, CIS, octubre de 2011, en http://datos.cis.es/pdf/Es2915mar_A.pdf

salió a asegurar, a no perder, lo que hizo identificando machaconamente a Rubalcaba con el Gobierno socialista. El argumento de "usted forma parte de los políticos que han arruinado al país" funcionó lo suficiente para que Rajoy se fuera indemne del debate.

El gran acierto del PP en los meses previos a las generales de 2011 fue volver a introducir su concepto estrella en el debate público: la gestión. El PP, un partido político que se siente a menudo incómodo en el debate ideológico puro, aprovechó que la economía y la crisis estaban en el centro de la opinión pública para sacar a relucir el concepto de que el PP era el mejor gestor de la economía que podía tener España. Exactamente igual que en el 2000, cuando Aznar consiguió su mayoría absoluta.

Et voilà. El PP ganó indiscutiblemente aquellas elecciones generales del 20-N de 2011, con 186 escaños sobre los 110 escaños del PSOE de Rubalcaba, siendo los otros grandes triunfadores CiU, que consiguió 16 y ganó en todas las provincias catalanas menos en Barcelona, IU pasando de 2 a 11 diputados, la entrada triunfal de Amaiur con 7 y la consecución de 5 Diputados por UPyD, que se haría con grupo parlamentario propio. Y lo más curioso de todo esto es que el PP sólo consiguió aumentar apenas 600.000 votos respecto de las elecciones generales de 2008, mientras que el PSOE había perdido en 4 años unos 4 millones de votos. El PP ganó en 43 de las 50 provincias, mientras que el PSOE sólo ganó en 2, Sevilla y Barcelona, por las 23 provincias en las que había ganado en 2008.

Ese 20 de noviembre de 2011 acabó la época de Zapatero, quien al contrario que otros Ex Presidentes del Gobierno sí ocupó su plaza en el Consejo de Estado, comenzando la época de dominio absoluto del PP sobre la política española. Suyas y nada más que suyas serían las decisiones que se regirían la vida política española en los próximos 4 años, y por lo tanto, suya sería la responsabilidad. En sus manos estaba el reto de levantar la economía española y llevar al país de nuevo ante los felices años en que la dejaron en 2004. Sin embargo, aquel Mariano Rajoy sonriente en el balcón de Génova en la noche del 20 de noviembre ni siquiera imaginaba que la mayoría absoluta que los españoles le habían dado a su partido le depararía también una legislatura que pondría al Partido Popular y a él mismo, en el papel constante de malo de la película. A la valoración del lector se deja si justificadamente o no. Y es que el poder, parafraseando a Tierno Galván es como un explosivo, o se maneja con cuidado, o estalla.

5 EL FIN DE E.T.A.

"Euskadi Ta Askatasuna, organización socialista revolucionaria vasca de liberación nacional, desea mediante esta Declaración dar a conocer su decisión: ETA considera que la Conferencia Internacional celebrada recientemente en Euskal Herria es una iniciativa de gran trascendencia política. La resolución acordada reúne los ingredientes para una solución integral del conflicto y cuenta con el apoyo de amplios sectores de la sociedad vasca y de la comunidad internacional. En Euskal Herria se está abriendo un nuevo tiempo político. Estamos ante una oportunidad histórica para dar una solución justa y democrática al secular conflicto político. Frente a la violencia y la represión, el diálogo y el acuerdo deben caracterizar el nuevo ciclo. El reconocimiento de Euskal Herria y el respeto a la voluntad popular deben prevalecer

sobre la imposición. Ese es el deseo de la mayoría de la ciudadanía vasca. La lucha de largos años ha creado esta oportunidad. No ha sido un camino fácil. La crudeza de la lucha se ha llevado a muchas compañeras y compañeros para siempre. Otros están sufriendo la cárcel o el exilio. Para ellos y ellas nuestro reconocimiento y más sentido homenaje. En adelante, el camino tampoco será fácil. Ante la imposición que aún perdura, cada paso, cada logro, será fruto del esfuerzo y de la lucha de la ciudadanía vasca. A lo largo de estos años Euskal Herria ha acumulado la experiencia y fuerza necesaria para afrontar este camino y tiene también la determinación para hacerlo. Es tiempo de mirar al futuro con esperanza. Es tiempo también de actuar con responsabilidad y valentía. Por todo ello, ETA ha decidido el cese definitivo de su actividad armada. ETA hace un llamamiento a los gobiernos de España y Francia para abrir un proceso de diálogo directo que tenga por objetivo la resolución de las consecuencias del conflicto y, así, la superación de la confrontación armada. ETA con esta declaración histórica muestra su compromiso claro, firme y definitivo. ETA, por último, hace un llamamiento a la sociedad vasca para que se implique en este proceso de soluciones hasta construir un escenario de paz y libertad. GORA EUSKAL HERRIA ASKATUTA! GORA EUSKAL HERRIA SOZIALISTA! JO TA KE INDEPENDENTZIA ETA SOZIALISMOA LORTU

ARTE! En Euskal Herria, a 20 de octubre de 2011, Euskadi Ta Askatasuna E.T.A."[22]

Estas fueron las 375 palabras que acabaron con el terror vivido por los españoles durante 53 años, desde que Euskadi Ta Askatasuna[23] se fundase en 1958, al ser expulsados de las juventudes del PNV los militantes procedentes de la formación EKIN[24] tras disentir sobre las acciones a adoptar para conseguir sus objetivos políticos, ya que EKIN apostaba abiertamente por la acción violenta para conseguir sus objetivos políticos.

La primera acción terrorista de E.T.A. sin resultado de muerte no se produciría hasta 1961. No obstante, según diversas fuentes su primer asesinato llegaría un año antes, en 1960, tras fallecer abrasada por una bomba colocada en la Estación de Amara de San Sebastián la niña de 22 meses Begoña Urroz[25]. E.T.A. no reivindicó

---

[22] Declaración de ETA de 20 de octubre de 2011 (en línea), en http://www.uv.es/~pla/terrorisme/11a20eta.pdf

[23] Euskadi y Libertad, en su traducción al castellano, o quizás más correcto, País Vasco y Libertad.

[24] EKIN, que significa acometer o emprender en euskera, fue un grupo de estudio universitario que organizaba su acción sobre temas históricos, culturales y sobre la lengua vasca.

[25] *El País (Ed. Digital)*, 31 de enero de 2010.

nunca su asesinato, por lo que habría que irse a 1968 para hallar la primera víctima de la banda terrorista, cuando el Guardia Civil José Antonio Pardines fue tiroteado en un control de la A-1 por el etarra Txabi Etxebarrieta[26]. No obstante, este capítulo no pretende centrarse en la historia de Euskadi Ta Askatasuna, sino en los motivos y hechos que llevaron a pronunciar la declaración que encabeza el presente capítulo.

Para encontrar el principio del final de E.T.A. hay que acudir al año 2006, concretamente tras el atentado perpetrado en el aparcamiento de la Terminal 4 del Aeropuerto de Madrid-Barajas, que acabó con la vida de dos ecuatorianos, Diego Armando Estacio y Carlos Alonso Palate; fecha que no se elige por gusto del que escribe, sino que es Arnaldo Otegi, dirigente de Batasuna, quien la apunta en la Audiencia Nacional en junio de 2011, respondiendo a las preguntas referentes al llamado "Caso Bateragune".

Sostuvo Otegi aquel junio de 2011 que en ese

---

[26] *La Tribuna del País Vasco*, 24 de junio de 2014.

momento comenzó el enfriamiento entre el llamado brazo político de E.T.A. y la organización terrorista, ya que mientras que E.T.A. defendía todavía la compatibilidad de acción política y atentados, la izquierda *abertzale*[27] prefirió optar por la estrategia política y pacífica, sin necesidad de recurrir a la violencia[28]. Este testimonio en la Audiencia Nacional no hacía otra cosa que confirmar lo ya dicho por Otegi en una entrevista que concedió desde la cárcel al diario El País, en octubre de 2010, donde el líder de la izquierda *abertzale*, citando lo expuesto en la noticia del periódico, "rechaza la violencia como instrumento de presión política; pide a ETA que declare un alto el fuego "unilateral, permanente y verificable"; rechaza la extorsión a los empresarios vascos, se desmarca de la *kale borroka* y expresa su convicción de que para lograr el objetivo de la independencia vasca solo existe un camino "irreversible": el de la paz y la democracia. "Las armas, todas las armas, deben desaparecer definitivamente de la ecuación política vasca". Y en caso de atentado de ETA, afirma que la izquierda

---

[27] Radical, en euskera.

[28] *El País (Ed. Digital)*, 27 de junio de 2011.

abertzale se opondría, pero no habla de condena"[29].

Siguiendo las palabras de Otegi, a partir de 2006 se iniciaría una corriente en el seno de la izquierda *abertzale* que cuestionaba la estrategia seguida hasta entonces, la cual culminaría sus trabajos con la presentación de la Declaración de Alsasua en noviembre de 2009 y del Documento "Zutik Euskal Herria"[30] en febrero de 2010, en el que se presenta la vía democrática como la única posible para dar una solución al proceso político vasco, remarcando que se trata de un documento unilateral –y por tanto, no condicionado por E.T.A.- y que la izquierda *abertzale* debería disponer en el futuro de un partido político propio legal para participar en el juego institucional y en la mesa de partidos que lograse el acuerdo final, siendo éste la única referencia para los *abertzales*.

A continuación de estos documentos, vendría la aprobación de los Estatutos de Sortu en febrero de 2011 por el Tribunal Constitucional tras la denegación de la inscripción en el Registro de partidos políticos por parte

---

[29] *El País (Ed. Digital)*, 17 de octubre de 2010.

[30] En pie Euskal Herria, si traducimos al castellano.

de la Sala 61 del Tribunal Supremo –denegación que se decidió por sólo un voto, el del Presidente del Supremo, Carlos Dívar-. Estos Estatutos pudieron ser legalizados por el expreso rechazo a la violencia que contienen (artículo 3), la expulsión de quienes apoyen o complementen políticamente la acción de organizaciones terroristas y ruptura del vínculo de dependencia e instrumentalización por parte de E.T.A[31].

Dos meses más tarde se presentaría "Bildu", la coalición encargada de representar a la izquierda *abertzale* en las elecciones locales y autonómicas de 2011. Formadas por Eusko Alkartasuna, Alternatiba e independientes de la izquierda *abertzale*, las candidaturas de Bildu serían suspendidas por el Tribunal Supremo y revocada esta decisión por el Tribunal Constitucional, como pasó con la inscripción de Sortu en el registro de partidos políticos del Ministerio del Interior. Finalmente, Bildu conseguiría 953 concejales, más de 100 alcaldes y 45 junteros en el País Vasco, entre ellas las simbólicas Alcaldía de San Sebastián y la Presidencia de las Juntas Generales de Guipúzcoa. Por tanto, con aquellas

---

[31] Estatutos de Sortu (en línea), en http://info.elcorreo.com/documentos/2011/sortu-estatutos.pdf

elecciones municipales y autonómicas de 2011 se restableció la presencia legal de la izquierda *abertzale* en las instituciones del País Vasco y Navarra, normalizándose la situación política vasca en la que, una vez cumplida la legalidad por las fuerzas políticas *abertzales*, no había motivo alguno para dejar deliberadamente sin representación política a quienes representan a una parte importante del electorado vasco. A la vista están sus resultados electorales en aquellas elecciones.

Sin embargo, y como habrá advertido ya el lector, la ruptura de la acción unificada entre E.T.A. y la izquierda abertzale no es la única causa que determinó el cese de la actividad armada por parte de los terroristas, si bien nos hemos querido centrar especialmente en ella a lo largo del presente capítulo.

Entre las demás causas, en primer lugar hay que aludir sin ninguna duda a la acción y colaboración de los gobiernos español y francés, cuya labor policial desgastó en gran medida la estructura de E.T.A., que habían llevado a la banda terrorista a disponer tan solo de 50 miembros en libertad por los 700 encarcelados frente a los 517 activistas en libertad y 514 encarcelados de los que disponía en 2002, según los datos de Florencio Domínguez que recoge el partido político navarro "Baztarre" en un documento sobre el final del terrorismo[32].

El mismo Florencio Domínguez se hace eco de la autocrítica interna de mandos tan importantes en la última fase de E.T.A., como Garikoitz Aspiazu *"Txeroki"*, quienes ya en 2002 exponían que la acción policial fue la culpable de la disminución de la capacidad de cometer acciones de la banda terrorista, ya que el deseo de atentar era mucho mayor que la capacidad de hacerlo. Siguiendo con esta línea, en 2009, en el documento *"Evolución del proceso de liberación y situación política. Lectura dinámica de la evolución histórica del proceso de liberación"* se sostenía que la persecución de los estados español y francés (el enemigo) era mucho mayor que la respuesta armada que podía dar E.T.A.[33], reconociendo por tanto la desventaja en la que

---

[32] Documento "Nuestro punto de vista. Sobre el final de ETA y sobre el tiempo post-ETA. Verdad, memoria, justicia y convivencia", Baztarre, mayo de 2012, p. 10, en http://www.batzarre.org/pdf/Nuestro_punto_de_vista.pdf

[33] DOMINGUEZ, F.: "Luces y sombras del "cese definitivo" del terrorismo de ETA", *Cuadernos de pensamiento político,* Fundación para el Análisis y los Estudios Sociales, Abril-junio 2012, pp. 126-128, en http://www.fundacionfaes.org/file_upload/publication/pdf/201304232230

se encontraba ya la organización terrorista por aquel entonces.

Por otra parte, esta sensación de cambio de ciclo que venía imperando en E.T.A. tuvo su constatación cuando el colectivo que agrupa a los presos de la organización terrorista, el Colectivo de Presos y Presas Políticos Vascos (EPPK), optó también por la vía exclusivamente política para la resolución del llamado por ellos "conflicto vasco", abogando por el abandono definitivo de la violencia, eso sí, a cambio de contrapartidas referentes a declaraciones de amnistía o del reconocimiento al derecho a decidir del pueblo vasco, entre otras[34]. Estas contrapartidas hacen que el documento se tome en cuenta principalmente por lo simbólico del mismo, ya que sus peticiones a modo de contrapartida son las mismas que ha utilizado la banda tradicionalmente en todas las treguas que ha decretado a lo largo de su historia.

Por último, es indudable que la otra gran causa junto a las dos precedentes es el rechazo de la sociedad vasca a la violencia de E.T.A. Este rechazo es especialmente claro

---

58luces-y-sombras-del-cese-definitivo-del-terrorismo-de-eta.pdf

tras el atentado de la T4 de Madrid en 2006, que da al traste con el proceso de negociación que mantenía la banda terrorista con el Gobierno socialista de José Luis Rodríguez Zapatero, como se puede observar en los *Euskobarómetros* del año 2007[35] [36]. En ellos se constata el sentimiento de decepción tan grande que se genera en la sociedad vasca, la cual vio con especial esperanza la tregua de 2005 y por lo tanto recibió con especial dureza la ruptura de la misma tras el atentado de la T4, sobre todo en un momento donde ya no calaba el mensaje de la necesariedad de la lucha armada como complemento de la acción política.

Un capítulo como este no puede acabar sin hablar del futuro, por mucho que este libro tenga por objetivo narrar sucesos que ya forman parte del pasado. En la actualidad, la banda terrorista E.T.A. ni se ha disuelto ni ha entregado sus armas, debido a que esto tendría la consideración de rendición y eso es algo que no está dispuesta a asumir la organización, según las palabras de Brian Currin[37], el abogado sudafricano que participó en la

---

[35] *La Voz de Galicia (Ed. Digital)*, 20 de julio de 2007.

[36] *ABC (Ed. Digital)*, 20 de diciembre de 2007.

Declaración de Bruselas pidiendo a E.T.A. un alto el fuego permanente y revisable en 2010, quien además critica la política de dispersión de presos del Gobierno español y la poca implicación de los Gobiernos español y francés para dar los siguientes pasos.

Si bien parece que la violencia de E.T.A. ha acabado en nuestro país de manera irreversible, el proceso no está ni mucho menos cerrado. Aunque la izquierda abertzale haya normalizado ya su presencia en las instituciones vascas y del Estado Español, y el pueblo español acogiese por lo general con alegría y esperanza la declaración de cese de la actividad armada de E.T.A., es indudable que, junto a la cuestión de los presos y el desarme efectivo de la banda, hay una cuestión que trasciende a estas. Cuestión que no es otra que la actitud de una buena parte de los españoles ante el fin de E.T.A.. Este grupo social capitaneado por la Asociación de Víctimas del Terrorismo (AVT) con gran influencia en el Partido Popular, desconfía abiertamente de los términos de ese cese de la violencia, aun después de casi 5 años desde el mismo, acogiéndose a pretensiones maximalistas (al igual que

---

[37] *La Nueva España (Ed. Digital)*, 24 de marzo de 2015.

E.T.A.) que pretenden la completa derrota del adversario en este proceso. Posición que, sin dejar de ser legítima, es un elemento dificultador de la conclusión efectiva del proceso.

Así pues, a día de hoy debemos concluir este capítulo sosteniendo que, si bien el elemento de la violencia ya no se encuentra en las calles de nuestro país, aún queda mucho trabajo por hacer para cerrar para siempre este capítulo bochornoso de nuestra historia. De la altura política de los actores implicados en el proceso dependerá pues, la solución a este.

6 LA CORRUPCIÓN

El presente capítulo no es un hecho determinado dentro del lustro que estamos describiendo aquí, sino que ha acompañado de manera incansable la actualidad diaria desde hace años. Casos como Filesa, la Operación Malaya o el caso PSV son tan básicos en la reciente historia de España como todo lo demás, muy a pesar del que escribe. ¿Por qué incluir pues, un capítulo dedicado a la corrupción en sí? Sencillo, la corrupción ha sido la gasolina que ha expandido descontroladamente la llama del despertar político y social de los españoles durante el tiempo que analiza este libro. Sin la constante presencia del fenómeno de la corrupción en los medios de comunicación, la indignación ciudadana se hubiese visto amortiguada sin duda e incluso, es posible que ni de lejos hubiese cristalizado en los procesos políticos que han alterado sobremanera la historia reciente de España, teniendo en cuenta, por supuesto, el papel determinante de la crisis económica.

Por desgracia más que por suerte, se hace imposible hablar de todos y cada uno de los casos de corrupción que han acontecido en España recientemente, así que me centraré en los que más han significado para la opinión pública, que no son otros que el Caso Gürtel, el Caso de los EREs de Andalucía y el Caso Pujol, ya que el otro gran caso que afecta a una institución del país, como es el Caso *Nóos*, se trata en el capítulo sobre la abdicación del Rey Juan Carlos.

Comienzo por el caso Gürtel, que se denominó así por el cabecilla de la trama, Francisco Correa, ya que correa en alemán se dice "gürtel". Este caso echa a andar en el año 2007, con las investigaciones de la Fiscalía anticorrupción a raíz de la denuncia de un Concejal de la localidad madrileña de Majadahonda (Madrid), ante la Audiencia Nacional. El entramado que acabó descubriendo la denuncia afectaba al Partido Popular de

Madrid y de la Comunidad Valenciana principalmente, aunque también existen ramificaciones hacia el PP de Galicia, de Castilla y León e incluso hacia el PP nacional.

Las empresas que poseía Correa (Orange Market es la más famosa de ellas) recibían los encargos de organizar mítines, congresos y toda clase de eventos del Partido Popular, tras hacer una labor de acercamiento a cargos públicos y responsables del PP a través de dádivas y sobornos. El caso Gürtel afectó a varios cargos públicos del PP, siendo el más sonado el entonces Presidente de la Comunidad Valenciana, Francisco Camps. Camps fue absuelto finalmente por un jurado popular del delito de cohecho pasivo por los trajes que un socio de Correa, Álvaro Pérez, el Bigotes, le regaló por importe de casi 13.000 euros.

Pero la parte que más afectó del caso al PP fue una ramificación que acabaría convirtiéndose en el Caso Bárcenas. Con el caso Bárcenas, salió a la luz la presunta trama de sobresueldos pagados con dinero negro, o "dinero en B" que regía en el PP y que podría afectar a la plana mayor del PP, como publicaron los periódicos El Mundo y El País, en la que se llegaría a implicar al

Presidente del Gobierno, Mariano Rajoy[38] [39]. La gestión del PP sobre el tema fue nefasta. Por un lado, en febrero de 2013, María Dolores de Cospedal trató de justificar ante la prensa que Luis Bárcenas había sido despedido en 2010, recibiendo una indemnización en diferido (concepto no oído hasta la fecha) que hacía las veces de indemnización prorrateada. Por otro lado, Mariano Rajoy se negaba a asistir al Congreso de los Diputados a explicar la situación, hasta el punto que en julio de 2013 provocó la amenaza del entonces líder de la oposición, Alfredo Pérez Rubalcaba, de presentar una moción de censura para obligar a Rajoy a acudir al Congreso a explicarse, amenaza que surtió efecto y que llevó al Presidente a comparecer ante el Pleno en una sesión en la que declaró haberse equivocado manteniendo su confianza en quien no la merecía (por Bárcenas).

La otra gran polémica del Caso Gürtel fue la inhabilitación por 11 años del Magistrado de la Audiencia Nacional Baltasar Garzón. En la sentencia aprobada por unanimidad se sostiene que Garzón llevó acabó prácticas

---

[38] *El País (Ed. Digital)*, 31 de enero de 2013.

[39] *El Mundo (Ed. Digital)*, 20 de enero de 2013.

arbitrarias y totalitarias, al intervenir las comunicaciones en prisión entre los encausados por la trama de Correa y sus abogados. Esta sentencia acabó con la carrera judicial de Garzón y fue muy criticada por medios de comunicación progresistas así como por juristas de todo el mundo.

Si Gürtel fue el gran caso del PP, los EREs de Andalucía sin duda fueron el caso de corrupción del PSOE en estos años, en concreto del PSOE de Andalucía. La trama de los EREs de Andalucía consistió en una serie de prácticas aparentemente fraudulentas con dinero dispuesto por la Junta de Andalucía para prejubilaciones en empresas afectadas por expedientes de regulación de empleo.

Las jubilaciones eran fraudulentas no por el uso de la técnica de la prejubilación, sino porque en ellas se incluía a personas que no habían tenido relación laboral alguna con la empresa que las prejubilaba, además de otorgarse casi 900 ayudas desde la Dirección General de Trabajo sin ningún tipo de control legal alguno, según lo establecido en las investigaciones de la Juez Mercedes Alaya[40].

[40] *El Periódico (Ed. Digital)*, 10 de marzo de 2012.

Los principales investigados por el caso EREs, a los que la Guardia Civil y la Juez Alaya colocan en el centro de la trama, son el exdirector general de Trabajo de la Junta de Andalucía, Francisco Javier Guerrero, y Juan Lanzas, sindicalista de UGT. Guerrero era el encargado de autorizar los fondos para los EREs supuestamente fraudulentos sin atender a ningún tipo de control jurídico o económico, mientras que Lanzas, apodado "el conseguidor" y amigo de Guerrero, según los informes de la Guardia Civil era el encargado de reclamar comisiones a las empresas para que sus EREs fuesen financiados por el fondo de reptiles (como se conocía la partida presupuestaria dedicada a financiar los EREs); comisiones que irían destinadas, entre otros a financiar presuntamente UGT y el PSOE. El importe estimado de las comisiones logrado por Lanzas podría ascender a alrededor de 13 millones de euros, según las informaciones del Diario El Mundo[41].

Más allá de los presuntos ejecutores materiales de la trama, la instrucción del caso ha dejado a la luz un buen número de implicados de renombre, como es el caso de

---

[41] *El Mundo (Ed. Digital)*, 26 de mayo de 2015.

los expresidentes de la Junta de Andalucía Manuel Chaves y José Antonio Griñán, además de Gaspar Zarrías, como máximos responsables de los gobiernos que tramitaron las ayudas irregulares, investigación que obligó a Chaves y Zarrías a dejar su escaño en el Congreso y en el Senado en el caso de Griñán, tras unas declaraciones totalmente tajantes de Susana Díaz, que no sentaron nada bien a los investigados.

Por último, expondremos sucintamente el caso de corrupción que afectó al ex*President* de la *Generalitat* de Catalunya, Jordi Pujol, así como a su familia. El Caso Pujol estalló a mediados del 2014 y en él se investiga tanto al matrimonio formado por Pujol y Marta Ferrusola como a los 7 hijos del clan.

A partir de del descubrimiento de cuentas por valor de unos 4 millones de euros en el Principado de Andorra, cuentas que Pujol declaró que pertenecen a una herencia de su padre, las investigaciones han ido tejiendo conexiones del caso Pujol con otros casos.

Por un lado se encuentra el caso que implica a su hijo, Jordi Pujol Ferrusola, en un presunto delito de blanqueo de capitales por 33 millones de euros a paraísos fiscales, procedentes de empresas contratistas de la *Generalitat*. Por otro lado está el caso "Palau de la Música", referente a la presunta obtención por Convèrgencia de comisiones por millones de euros de la constructora Ferrovial a cambio de la concesión de contratos públicos, comisiones pagadas a través de donaciones al Palau de la Música[42].

En definitiva, el Caso Pujol no es más que el tronco común de una presunta red de comisiones ilegales de las que se habría lucrado varios hijos del Ex*President* y el matrimonio Pujol-Ferrusola, como consecuencia de la posición privilegiada en la que se hallaba Jordi Pujol como *President* de la *Generalitat*.

El caso Pujol ha supuesto un verdadero jarro de agua fría en Cataluña, ya que Pujol siempre ha sido una figura muy respetada como consecuencia de sus años de gobierno en Cataluña y de su papel activo por la consecución de la autonomía catalana en 1979, siendo considerado por muchos ciudadanos catalanes como padre del nuevo nacionalismo catalán y un referente

---

[42] *El País (Ed. Digital)*, 23 de octubre de 2014.

moral.

Así pues, y más allá de otros casos de idéntica importancia (el de las Tarjetas Black de Bankia o los Casos Pokemon y Campeón sin ir más lejos) estos tres ejemplifican a la perfección la cantidad y la magnitud del problema de la corrupción en nuestro país, que ha afectado a los tres principales partidos políticos sobre los que se asentaba el sistema hasta las elecciones del 20 de diciembre de 2015, hasta el punto de ponerse en entredicho la financiación de todo un partido político, como en los casos de Bárcenas y el Palau de la Música en Cataluña, así como de la principal federación del PSOE en nuestro país.

Para concluir, una vez más los medios de comunicación han sido fundamentales a la hora de dimensionar el problema de la corrupción en nuestro país. La labor de investigación de los medios ha contribuido sobre manera a sacar a la luz gran parte de estos casos, creando en la ciudadanía una hostilidad hacia la corrupción que ha actuado como acelerador de la sensación de hartazgo hacia la política. Sin embargo, en esta labor de los medios se han cometido excesos.

Excesos que han podido implicar juicios populares previos al propio enjuiciamiento por los tribunales de los presuntos culpables, con el consiguiente linchamiento a la presunción de inocencia de los mismos, así como han podido contribuir a la extensión del mensaje "todos los políticos roban", sin dejar de reconocer que la cantidad de casos también ha hecho por instaurar esa opinión.

Por último, los medios han narrado a la ciudadanía la corrupción desde la visión buenos vs. Malos. Si bien los "malos" eran los políticos y empresarios implicados en los casos; al igual que ya ocurriera con Baltasar Garzón en los años 90, ha vuelto la figura del súper juez a nuestro país. Los medios han dibujado a una serie de jueces y juezas que, sin demasiados recursos y trabajando hasta la extenuación, han revuelto Roma con Santiago para indagar hasta el último detalle de los casos, con el consiguiente aplauso de la ciudadanía, que ha visto a los jueces Ruz, Alaya o Castro, como héroes y heroínas del interés general ante aquellos políticos y empresarios en los que su interés particular estaba por encima de cualquier otro.

7 EL REY NO HA MUERTO, VIVA EL REY

Lunes, 2 de junio de 2014. Apenas una semana desde el cataclismo en el sistema político que supusieron las elecciones al Parlamento Europeo del 25 de mayo. Pablo Iglesias, Podemos y el anuncio de la marcha de Alfredo Pérez Rubalcaba como Secretario General del PSOE eran los temas de debate en los mentideros de nuestro país. Y de repente, los medios de comunicación abrían con la comparecencia urgente de Mariano Rajoy, posiblemente para anunciar la abdicación del Rey. Así sería. Pasados unos minutos de las 10:30 de la mañana, el Presidente Rajoy manifestaba la decisión del Rey de abdicar, remitiendo a un posterior mensaje del Rey para las razones y mostrándose convencido de la pronta aprobación por las Cortes Generales de la proclamación como Rey del Príncipe Felipe.

El Rey Juan Carlos I, a eso de las 13 horas, explicó en un mensaje televisado a los españoles los motivos de su decisión. Dijo que era el momento de dar paso a las nuevas generaciones, decididas a emprender las reformas que la coyuntura demandaba. Añadió que esta decisión se produjo cuando, en enero de 2014, cumple 76 años y que su hijo, el Príncipe Felipe, encarnaba la estabilidad, que es seña de la institución monárquica.

Tocaría el turno a continuación de las valoraciones de los demás partidos con algún tipo de representación parlamentaria. Todos los ojos puestos, cómo no, en el PSOE, el principal partido de la oposición y de la izquierda española, máximo garante de la institución monárquica en todos estos años pese a ser de convencimiento republicano, y por lo tanto, el único con capacidad política para plantear una alternativa distinta de la sucesión monárquica. Rubalcaba, el dimisionario líder socialista, despejó las dudas diciendo esto: "Hoy se abre un tiempo nuevo en el que Don Felipe de Borbón representa el respeto a la Constitución y a la normalidad institucional. Un tiempo nuevo ante el que el PSOE quiere reafirmar su compromiso por la convivencia y el consenso que representa nuestra Carta Magna"[43]

Por su parte, IU, Podemos, ERC y Equo no tardaron en pedir un referéndum con tal de que el Gobierno sometiese a la decisión de los ciudadanos la continuidad de la Monarquía parlamentaria como forma de Estado y junto a otros movimientos sociales. Se convocaron concentraciones en las principales plazas del país para escenificar el rechazo del pueblo español al procedimiento elegido y legitimar su petición del referéndum. Sería en la Puerta del Sol de Madrid donde un mayor número de personas se concentró, no a pedir un referéndum, sino a pedir abiertamente la llegada de la República a nuestro país. Lo demostró el hecho de la apabullante presencia de banderas tricolor[44]. Junto a estas, se podían observar banderas del PCE, de IU, de Equo e incluso, alguna bandera aislada del PSOE, llevada por algún militante en contra de la posición oficial de su

---

[43] *El País (Ed. Digital)*, 2 de junio de 2014.

[44] La bandera tricolor, compuesta por tres bandas del mismo ancho, roja, amarilla y morada, fue la bandera oficial de España en el periodo de la Segunda República (1931-1939).

partido o quizás de las Juventudes Socialistas de España, quienes a través de su Secretario General, Nino Torre, reclamaron la celebración de un referéndum sobre la forma de Estado[45].

Más allá de estas concentraciones del 2 de junio, no hubo mayor problema con la proclamación de Felipe VI, que se produjo en sesión conjunta de las Cortes Generales 17 días después, el 19 de junio. Unos días antes, se constató la aprobación de la Ley Orgánica de abdicación, con 299 votos a favor (PP, PSOE, UPyD, UPN, Foro Asturias), 19 en contra (IU, ERC, Compromis, Geroa Bai y BNG) y 23 abstenciones (las de CiU, PNV, y el diputado socialista Odón Elorza). Se ausentaron de la votación 9 diputados, entre ellos los 7 Diputados de Amaiur, y los socialistas Guillem García y Paloma Rodríguez.

Una vez expuestos los sucesos de aquellos días de junio, cabe preguntarse una serie de cuestiones sobre la abdicación del Rey y sobre el momento de la misma.

La idea de la abdicación venía resonando en las

---

[45] Lainformación.com, 2 de junio de 2014.

discusiones de las altas esferas desde hacía tiempo ya, e incluso se había pedido por algún dirigente político de cierta importancia, como el Primer Secretario del PSC, Pere Navarro[46], quien fue rápidamente enmendado por el PSOE, al considerar totalmente inadecuada la propuesta. En esos mismos días del invierno de 2013, el periodista José Antonio Zarzalejos, exdirector de ABC, en el cuaderno de notas que escribe para elConfidencial.com[47] ya advertía de que el Rey estaba barajando la abdicación, debido a los numerosos escándalos que se cernían sobre la institución monárquica (cita el autor el Caso Urdangarín, la merma en su salud o la caída en picado tras su accidente en el famoso safari de Botsuana). Y eso, que en una entrevista retransmitida en TVE con motivo del 75 cumpleaños de Juan Carlos I apenas un mes antes, éste declaró sentirse con fuerzas suficientes e ilusión para seguir en el cargo[48] y que siempre se ha dicho tradicionalmente que el Rey era de los que pensaban que

---

[46] *La Vanguardia (Ed. Digital)*, 20 de febrero de 2013.

[47] *Notebook, elConfidencial.com*, 22 de febrero de 2013.

[48] "Me encuentro en buena forma, con energía y, sobre todo, con ilusión para seguir adelante y afrontar los retos que tenemos, buscando el mayor consenso entre todos los españoles" fueron las palabras concretas del Rey Juan Carlos I, en http://www.rtve.es/noticias/20130104/entrevista-rey-juan-carlos-tve-1-75-aniversario/595860.shtml

había que morir con la Corona puesta. A mayor abundamiento, el Rey Juan Carlos, en su mensaje de despedida a los españoles decía que la decisión se había tomado en enero de 2014, unos días después de su 76 cumpleaños.

Así pues, ¿qué hace cambiar de opinión al Rey? ¿Qué le lleva a tomar una decisión personalísima de tal calibre cuando en teoría nunca había defendido la abdicación? Si damos por ciertas las afirmaciones de José Antonio Zarzalejos, o el Rey tuvo que cambiar de decisión en apenas un mes —el tiempo que transcurre entre la entrevista con Jesús Hermida en TVE y la publicación en ElConfidencial.com de la entrada de Zarzalejos- o la entrevista de TVE no fue más que una maniobra de fachada para tranquilizar a la gente con la estabilidad en la Corona. O quizás, el Rey Juan Carlos nos ofrecía una inclinación personal que estaba más cerca del deseo propio que de la obligación. En esa línea, añado, para gusto de aquellos que creen en las historias del "gobierno en la sombra" del Club Bilderberg, la noticia del periodista Emilio Pizocaro, en la que alude a determinadas presiones de este club y de la Reina Sofía para forzar la abdicación del Monarca[49]. Allá cada uno con las interpretaciones que desee hacer.

Más allá de todo esto, existen numerosos hechos que contribuyeron a erosionar la otrora intocable Monarquía de Juan Carlos I, y que podrían ser excusas válidas para iniciar un nuevo periodo con el Príncipe Felipe al frente o, por lo menos, que podrían aumentar el argumentario de quienes deseasen el relevo en la Jefatura del Estado. La implicación del yerno del Rey, Iñaki Urdangarín, en el Caso *Nóos*, que salió a la luz pública a finales de 2011[50], el accidente en el famoso safari de Botsuana en abril de 2012 con el también famoso "Lo siento, me he equivocado. No volverá a ocurrir", el descubrimiento de la "Princesa" Corinna en esos mismos días por el semanario alemán "Bild" o el apreciable deterioro en la salud del monarca son algunos ejemplos del desgaste de la institución monárquica, el cual se escenifica en los

---

[49] *Alertadigital.com*, 6 de marzo de 2013.

[50] El Caso *Nóos*, también llamado Caso Urdangarín, derivado del Caso Palma Arena, es un caso de presunta corrupción política cometido por Iñaki Urdangarín y su ex socio, Diego Torres a través de la Fundación *Nóos* y un entramado societario en torno a ella. En el marco de las investigaciones llevadas a cabo por el Juez Castro, se imputan a los investigados presuntos delitos de malversación, fraude, prevaricación, falsedad y blanqueo de capitales.

resultados anuales de las encuestas del CIS, donde los españoles llevaban sin aprobar a la Monarquía como institución desde 2011[51], obteniendo en 2013 la nota más baja de su historia: un 3,68. Esta línea de las notas del CIS encuentra su continuación en una encuesta del diario El Mundo de principios de 2014, en la que el porcentaje de personas que creían que el Rey debería abdicar pasa del 44,7 al 62%, así como un 69,4% de los encuestados afirman que el Rey Juan Carlos no podría recuperar el prestigio de la Monarquía[52].

¿Desgaste de la Monarquía como institución? Sin duda. ¿Un clima favorable a la abdicación entre los responsables políticos? Seguramente también. ¿Presiones de los poderes económicos y sus principales instituciones para forzar la abdicación? Quién sabe, pero en ningún caso descartable. Sin embargo, y aunque a priori no nos encajen todos los sucesos que se relatan, quizás sí que lo hagan si los ordenamos: en 2013 ya existe un clima externo al Rey Juan Carlos que desea su abdicación como solución al debate sobre la Monarquía que se abre a partir

---

[51] *El País (Ed. Digital)*, 02/06/2014.

[52] *El Mundo (Ed. Digital)*, 5 de enero de 2014.

de los sucesos que la erosionan, sobre todo entre responsables políticos y élites económicas y también como apuesta de la institución para el nuevo tiempo político que llegaba. El Rey Juan Carlos, en enero de 2013 se ve con fuerzas para continuar, como declara en TVE, pero es evidente que había sido incapaz de recomponer el pacto con el pueblo español que mantenía en suspenso el debate sobre la forma de Estado, lo que sin duda es un elemento de desgaste psicológico que puede, junto a las presiones del entorno, hacerle replantearse su negativa a abdicar. Este pensamiento le acompañaría hasta el desagradable incidente de la Pascua Militar de 2014, en el que fue incapaz de pronunciar su discurso con soltura, que quizás, actuó como detonante de la decisión.

Tomada ésta, el Rey Juan Carlos le comunicó la intención de abdicar al Príncipe Felipe así como al Presidente Rajoy y al líder de la oposición, Alfredo Pérez Rubalcaba[53].

Por último, nos detendremos en los motivos que llevan a decidir que la abdicación –y posterior proclamación de Felipe VI- se escenificase en esos 17 días

---

[53] *ABC (Ed. Digital)*, 4 de junio de 2014.

de junio. Varios sucesos políticos delimitaban el calendario. Las elecciones europeas del 25 de mayo, la consulta soberanista catalana prevista para el 9 de noviembre y las primarias a la Presidencia del Gobierno del PSOE también previstas para ese mes, unidos al hecho de que julio y agosto son meses sin tradición parlamentaria en nuestro país, prácticamente dejaban la fecha de junio como la única posible[54], una vez que el Rey había descartado un proceso rápido de abdicación con tal de mostrarse plenamente recuperado de sus problemas de salud.

Varias voces ponían sobre la mesa una explicación alternativa. La abdicación se hizo en ese momento, porque tras los resultados del bipartidismo en las elecciones europeas (PP y PSOE sólo obtuvieron el 49,06% de los votos, cuando en las europeas de 2009 consiguieron el 81%), se evidenciaba un cambio de ciclo político que podría dar una mejor posición a los partidos republicanos en las Cámaras, lo que podría dificultar el relevo tranquilo que se deseaba en la Casa Real. A estas razones se añaden las de la dimisión de Rubalcaba como

---

[54] *El Periódico (Ed. Digital)*, 3 de junio de 2014.

Secretario General del PSOE, producida el lunes 26 de mayo, que podría espolear a las bases socialistas y romper el acatamiento de la Corona en las filas del PSOE, lo que pondría en peligro el proceso diseñado para la abdicación.

Sin embargo, la Casa Real negó que estos sucesos influyeran en la fecha y que la decisión de escenificar la abdicación entonces llevaba tomada desde el mes de abril[55].

Desde aquí, reconozco que las teorías alternativas a la explicación ofrecida por la Casa Real son ciertamente atractivas, sin embargo, no debo cerrar este capítulo sin dejar claras una serie de apreciaciones. En primer lugar, que si bien los resultados electorales del 25M habían supuesto una hecatombe del bipartidismo, las próximas elecciones generales no se celebrarían hasta finales de 2015, por lo que más adelante, una vez celebrada la consulta catalana del 9N, había tiempo para ubicar la abdicación asegurándose el apoyo de la mayoría de las Cámaras.

Reconozco, no obstante, como han acabado

---

[55] *20 Minutos (Ed. Digital)*, 5 de junio de 2014.

demostrando los hechos, que el desgaste de PP y PSOE, con el consiguiente crecimiento en expectativa de voto de opciones como Podemos, habrían podido complicar el proceso, no asumiendo la ciudadanía tan fácilmente su adopción. Por otro lado, en cuanto a la posible descomposición del apoyo del PSOE al proceso sin pasar por un referéndum, una vez abandonado el mando por Rubalcaba, el peso de toda una clase de dirigentes socialistas, entrados en años y claramente comprometidos con la defensa de la institución monárquica, seguiría siendo importante aunque se hubiera abordado el proceso de abdicación con un nuevo Secretario General, como demuestran el ascendiente que ejercen sobre el hoy jefe de filas socialista, Pedro Sánchez, dirigentes como el mismo Rubalcaba o Felipe González.

Queda por ver si la apuesta de la Corona por Felipe VI certifica la continuidad de esta institución en el futuro cercano, superado el momento crítico de la abdicación. Pese al despejado horizonte que se plantea, la Casa Real tendrá que afrontar momentos que sin duda llegarán, como la apertura del proceso de reforma constitucional. De la fortaleza de los partidos políticos que la sustentan y del acierto de Felipe VI en su labor, mostrando a los ciudadanos una institución austera, transparente, honesta y moderna, dependerá su continuidad. El Trono de casi 40 años que tuvo Juan Carlos I, no está ni de lejos, asegurado.

8 ¡CLARO QUE PODEMOS!

Viernes, 17 de enero de 2014. Pablo Iglesias, profesor de Ciencia Política en la Universidad Complutense de Madrid y presentador del programa de televisión "La Tuerka", presentaba Podemos en el Teatro del Barrio, una cooperativa cultural que pretende hacer política a través de la cultura y la fiesta[56], sita en el madrileño barrio de Lavapiés, conocido por su riqueza cultural y por la multitud de organizaciones políticas y sociales -principalmente de izquierdas- que tienen su sede en esas calles. Le acompañaron los que luego serían principales dirigentes del partido: Juan Carlos Monedero, Íñigo Errejón, Teresa Rodríguez o Miguel Urbán.

---

[56] Así se indica en su página web: teatrodelbarrio.com

Podemos surgía, según las palabras del propio Iglesias, como un "método participativo abierto a toda la ciudadanía" para convertir la indignación ciudadana que inundaba el país en cambio político, pero eso sí, con la mano abierta a otras organizaciones de izquierda, empezando por IU y siguiendo por ANOVA, las CUP catalanas o el SAT, las cuales tendrían que someterse a un proceso único de primarias que llevase en una misma lista a las formaciones a la izquierda del PSOE en las elecciones al Parlamento Europeo que se celebrarían el 25 de mayo de 2014.

Los líderes de Podemos habían comprendido perfectamente que todo lo conseguido (o lo observado) en el 15M tenía que completarse de una forma: mediante la canalización de la indignación en votos, mediante la transformación de las protestas en escaños en las distintas elecciones que estaban por venir. Esto es lo que hizo diferente a Podemos desde el primer momento respecto de todos los demás movimientos surgidos del espíritu del 15M. Su apuesta era rupturista y sus mensajes también, pero entendía perfectamente que el sistema tenía que estallar desde dentro, por los cauces establecidos para ello, y que, por lo tanto, la única manera de que sus propuestas se hiciesen reales algún día era ganar las elecciones, o, por lo menos, tener la posibilidad de condicionar una mayoría capaz de formar gobierno. Y por tanto no quedaba otra: había que presentarse a las elecciones.

Una vez presentada lo que en aquel momento sólo era una iniciativa, sin intención de ser un partido político por entonces, se iniciaron las negociaciones con IU para la presentación de una lista conjunta al Parlamento Europeo tras la celebración de unas primarias únicas.

Pero ¿por qué Podemos negoció con IU en vez de acudir solos directamente a las elecciones? La respuesta probablemente no sea sencilla. Es posible que los dirigentes de Podemos pensasen que una lista unitaria de las organizaciones a la izquierda del PSOE sería mucho más atractiva para el electorado. Quizás también tenían en su cabeza que aprovechar la estructura territorial de IU para la difusión del proyecto y para la campaña, así como la implicación activa de la militancia y cuadros medios de la organización coordinada por Cayo Lara haría más fácil todo el trabajo. Y es perfectamente comprensible y lógico que pensasen así.

No obstante, no son pocos los que dicen que la negociación con IU fue una jugada maestra del brillante equipo estratégico de Pablo Iglesias. Según estas versiones, Podemos habría ido a negociar con IU para escenificar que había sido la inamovilidad de IU la que había hecho fracasar el posible acuerdo, puesto que se sabía desde el primer momento que IU no aceptaría unas primarias únicas como las que proponía Podemos. Y ¿por qué Podemos puso en marcha esta estrategia? Porque por un lado, los dirigentes de Podemos, que habían asesorado a IU años atrás, pensaban que esta formación era una fuerza política que había sido incapaz de reconducir la indignación de la población hacía éxitos electorales, como consecuencia de su acomodación como fuerza del sistema que se conformaba con la tercera posición; pero por otro lado, valoraban enormemente a su militancia y cuadros medios, los cuales se incorporarían a Podemos progresivamente, tras observar cómo la dirección de IU no aceptaba dar el paso hacia el éxito electoral. Además, el fracaso en estas negociaciones sería visto por muchos votantes de IU como un error, lo que facilitaría el transvase de votos a una opción que defendía las mismas propuestas, pero con un aire renovado y rupturista que resultaba tremendamente atractivo. En definitiva, que IU comenzaría a firmar su sentencia de muerte el día en que se negase a negociar, y que una vez Podemos constituyese como su base el espacio ocupado por IU, sería mucho más fácil la conquista del poder.

En las negociaciones, los promotores de Podemos encontraron un duro hueso de roer en IU, ya que si bien los unos y los otros coincidieron en que compartían el diagnóstico de la situación política y las propuestas para solucionar los problemas, ambos diferían en el procedimiento para lograr la unidad. Podemos no estaba dispuesto a renunciar a unas primarias abiertas, sin avales y con listas cremallera, así como no estaba dispuesto a integrarse sin más en las listas de IU. Y por otro lado, IU, o al menos, la parte dirigente de IU con Cayo Lara a la cabeza, no creían en las primarias abiertas. Por lo tanto, el fracaso en las negociaciones se acabó produciendo a finales de febrero. IU elegiría a sus candidatos propios y Podemos convocaría las famosas primarias abiertas para la elección de sus listas al Parlamento Europeo.

El fracaso de las negociaciones con IU conllevaba una consecuencia: que Podemos dejaba de ser una iniciativa para convertirse en un partido político, circunstancia que ocurrió a mediados de marzo de 2014, cuando se constituyó como partido político en el Ministerio del Interior. Esto último implicaba que Podemos pasaba a ser un partido político más, que aceptaba las reglas del juego. Sin embargo lo hacía por imperativo legal, porque era la forma menos perjudicial para concurrir a las elecciones, como aseguró Juan Carlos Monedero en declaraciones a los medios[57], en el afán por dejar claro que Podemos seguía siendo el partido de los que se consideraban fuera o decepcionados con este sistema, aunque acatase sus reglas básicas para poder cambiarlo.

Así pues, y constituido ya Podemos como partido político, la formación puso en marcha un procedimiento de primarias novedoso hasta ese momento, en el que se votaba mediante un sistema tecnológico que permitía participar a cualquier persona que se registrase en una web, recibiendo un código en el teléfono móvil y votando

---

[57] *Público.es*, 13 de marzo de 2014.

una vez introducido éste. A principios de abril, las personas que participaron en las votaciones eligieron a Pablo Iglesias, a la maestra gaditana y miembro de la marea verde, Teresa Rodríguez y al ex fiscal anti-corrupción Carlos Jiménez Villarejo como los 3 primeros nombres de toda la lista.

A partir de ese momento, Podemos inicia una campaña frenética para darse a conocer, la cual, además de la presencia masiva en redes sociales, tenía por objeto desembarcar en el medio de comunicación más utilizado y seguido: la televisión. La campaña, muy centrada en la figura de su cabeza de lista, comenzó a lograr su objetivo cuando Pablo Iglesias fue invitado como tertuliano en algunos programas de televisión como "El gato al agua", de Intereconomía TV, que fue la primera cadena nacional donde puso en marcha su estrategia mediática; el debate político del *prime time* de los sábados, "La Sexta Noche" o "las Mañanas de Cuatro".

El carisma de Pablo Iglesias, su argumentación sosegada y respetuosa y la repetición de una serie de conceptos que tienen una gran potencia como construcciones para el votante/telespectador, como el archiconocido "casta", crearon rápidamente una relación de confianza a través de las ondas que catapultó las opciones de Podemos en las elecciones europeas de mayo de 2015, que no hicieron sino aumentar desde que Pablo Iglesias comenzase a aparecer en televisión.

Tal fue el crecimiento exponencial de Podemos, que prácticamente ninguna encuesta fue capaz de pronosticar el magnífico resultado que obtuvo el 25 de mayo de 2014: logró más de 1 200 000 votos y 5 escaños en el Parlamento Europeo, consiguiendo en ciudades como Madrid, ser la tercera fuerza, por delante de UPyD e IU. Pero el mejor resultado para Podemos no fue ese. Sin duda, fue el miedo y esperanza a partes iguales que su opción generó en la sociedad española, lo que se puede comprobar en las diversas declaraciones en prensa de dirigentes del PP, PSOE e IU, que han acusado a Podemos de supuestas intenciones de hacer en España lo que se hizo en Venezuela, de populistas sin propuestas claras e incluso, de ser un invento de los grandes poderes económicos para perpetuar a PP y PSOE. Y es que, por primera vez desde la caída de la UCD en 1982, esa noche de mayo, las opciones de que una fuerza política más allá del PP y del PSOE pudiera obtener grandes resultados electorales en un futuro cercano se antojaba posible.

Tras el resultado del 25M, el crecimiento de Podemos continúa a un ritmo imparable. Los medios de comunicación –más allá de los diarios Público y Eldiario.es, que siguieron a esta formación desde el principio- comienzan a dar mayor relevancia a la formación en sus publicaciones, miles de personas se inscribieron como militantes del partido, y el barómetro postelectoral le coloca a tan sólo 6 puntos porcentuales del PSOE en estimación de voto, como tercera fuerza del panorama político nacional, colocándose a apenas 1 punto del PSOE en el barómetro del CIS de octubre y superándole ya en el barómetro de enero de 2015.

No obstante, en medio de este crecimiento y ante el advenimiento de las elecciones locales y autonómicas de mayo de 2015, Podemos tuvo que afrontar su estructuración orgánica permanente como partido político, ya que hasta entonces era una estructura provisional que se fraguó únicamente para presentarse a las elecciones del 25M. Esto se logró llevar a cabo en la Asamblea "Sí se puede", un proceso participativo llevado a cabo durante el otoño de 2014, con tal de articular tanto los principales documentos como las personas que constituirían el esqueleto de la formación. Pablo Iglesias sería elegido Secretario General de Podemos, logrando un porcentaje abrumador de apoyos, que rondó el 90%, pero teniendo en cuenta que la participación apenas superó el 40% de los que tenían derecho a voto.

Por tanto, así pues, logrados ya los objetivos mínimos de la formación, al lograr fracturar y convulsionar el sistema político con su entrada en las elecciones europeas, generando a los españoles la perspectiva cercana de una posibilidad de cambio, y una vez articulado orgánicamente el aparato de Podemos, quedaba por resolver si el experimento ideado en los pasillos de la Facultad de Ciencias Políticas de la UCM se quedaría en mera anécdota. Si esto no era más que un conjunto de *frikis* que planeaba por Madrid, como se atrevió a asegurar Pedro Arriola, el analista político de cabecera del PP, o si Podemos había logrado conseguir, al menos en parte, su objetivo final. Objetivo que no es otro (recordemos el principio del capítulo) que canalizar en representación institucional el descontento, la frustración y el desapego al sistema de partidos que desde las elecciones generales de 1982 viene rigiendo en nuestro país.

Es difícil saber si ese descontento se traducirá algún día en un resultado suficiente que permita llegar a Pablo Iglesias a la Presidencia del Gobierno, como ocurrió en Grecia con la llegada al poder de la Syriza de Alexis Tsipras. Sin embargo, lo que es ya innegable es la contribución de Podemos al debate público y a la democracia. Suya es en parte la "culpa" de que el otrora todopoderoso clivaje izquierda/derecha en el debate político perdiera su hegemonía para ceder campo al clivaje los de arriba/los de abajo, siendo los de arriba los privilegiados pertenecientes al *establishment* del sistema político de la Constitución de 1978; así como para coronar también al clivaje lo viejo/lo nuevo. Estas dos divisiones han alcanzado una potencia en la opinión pública que ni el 15M logró mantener en el tiempo ni ninguno de los partidos que estaban llamados a heredar ese cambio lograron incorporar al campo de juego. Suya también es la culpa de reintroducir en el sistema político a muchos ciudadanos que, desmotivados con las opciones políticas presentes hasta la llegada de Podemos, habían abandonado, dirección abstención, su derecho de participación política mediante el voto.

9 LOS LIDERAZGOS DEL PSOE

Quizás haya lectores que se pregunten si es necesario un capítulo como el que empieza a continuación, dedicado a una cuestión interna de un determinado partido político como son los liderazgos del PSOE. Pues bien, es indudable que hablar del advenimiento y caída de una generación de líderes de uno de los grandes actores políticos en España es un hecho lo suficientemente relevante como para aparecer aquí.

Empiezo en julio de 2011, con la designación de Alfredo Pérez Rubalcaba como candidato a la Presidencia del Gobierno tras no tener rival alguno en el proceso de primarias abierto por la entonces dirección socialista, el cual se convocó por la negativa del entonces Presidente del Gobierno, José Luis Rodríguez Zapatero, a repetir por tercera vez como candidato.

Así pues y retirada Carme Chacón de la pugna por la candidatura (pero dispuesta a pelear por la Secretaría General), el Comité Federal del PSOE nombró candidato a Rubalcaba por aclamación, que inmediatamente entró a ejercer como el líder de facto del PSOE, como se pudo observar ya a finales de agosto, cuando fue Rubalcaba el que asumió la negociación con el PP para poner en marcha la reforma del artículo 135 de la Constitución.

La retirada de Chacón ayudó a que hubiese cierta paz en el PSOE hasta después de las elecciones generales de noviembre de 2011. Rubalcaba y su equipo, capitaneado por Elena Valenciano, pudieron trabajar con mayor o menor tranquilidad hasta ese momento.

Pero todo el mundo en el PSOE sabe que el partido no se dirige ganando unas primarias, sino que hace falta conseguir el apoyo del partido en un Congreso, el máximo órgano del partido, donde los representantes designados por los militantes eligen al nuevo Secretario General (ahora ya no es exactamente así, entonces sí lo era), por lo que todo aquel que aspirase a hacer con el control del partido debía pasar por ese trámite. Por tanto, y una vez pasadas (y estrepitosamente perdidas) las elecciones generales, el Comité Federal del PSOE no tardó ni una semana en reaccionar. Se convocó el 38º Congreso para los días 3, 4 y 5 de febrero de 2012. El lugar elegido fue Sevilla, capital de Andalucía, con tal de reforzar al PSOE andaluz, ya que quedaba un mes para que los andaluces fueran a las urnas. En esta autonomía, el PSOE se jugaba su último reducto de poder, ya que en una audaz maniobra, el entonces Presidente de la Junta de Andalucía, José Antonio (Pepe) Griñán, seguramente sabedor de la derrota que a nivel estatal se venía encima para el PSOE, decidió mantener las elecciones andaluzas para marzo de 2012 y no adelantarlas para hacerlas coincidir con las generales, lo que sin duda evitó el efecto arrastre que, con todas las encuestas a favor del PP andaluz, muy probablemente hubieran llevado al PSOE a perder Andalucía.

Puestas las fechas del 38º Congreso, y tras unos días de batalla de manifiestos más o menos críticos con la época de Zapatero, saltaron los dos grandes candidatos.

Los que todo el mundo esperaba que se presentasen a liderar el PSOE. De un lado, el ex ministro y ex candidato a la Presidencia del Gobierno, Alfredo Pérez Rubalcaba, que presentó su candidatura en la sede madrileña de la UGT un 29 de diciembre de 2012. Y del otro lado, la ex ministra Carme Chacón, que hizo lo propio en el pueblo onubense de su padre, Olula del Río, un 7 de enero de 2012.

En el mes de campaña que había hasta el Congreso de Sevilla, las dos candidaturas batallaron por cada voto de los 956 delegados que tuvieron derecho a voto para elegir Secretario General, no decantándose muchos delegados hasta la misma noche de antes de la votación, que se produjo el sábado 4 de febrero. El resultado final fue de 487 votos para Rubalcaba y 465 votos para chacón. 22 votos de diferencia marcaron el destino de los 200.000 militantes socialistas.

A partir de aquel febrero de 2012, pasarían 2 años y medio en los que el PSOE estaría dividido internamente entre los llamados "rubalcabistas" y los llamados "chaconistas", a menudo enzarzados en un agrio enfrentamiento. Por su parte, Carme Chacón decidió en el verano de 2013 dejar su escaño en el Congreso de los Diputados para dedicarse durante un año a la docencia universitaria en EEUU, anunciando que dejaba el escaño, pero no la política. En aquellos 30 meses con Rubalcaba al frente del PSOE, no hubo una sola semana en la que algún medio o incluso algún miembro del partido no cuestionase su liderazgo interno, aunque también hubo muchos militantes y algunos medios que le apuntalaron hasta el final, todo sea dicho.

El momento de mayor liderazgo de Rubalcaba al frente del PSOE se produjo justamente en las mismas fechas en las que Chacón decidía dejar el escaño y poner tierra de por medio con Madrid. Fue a finales de julio de 2013, cuando ante las reiteradas negativas del Presidente Rajoy a acudir al Congreso de los Diputados a comparecer sobre el caso Bárcenas, Rubalcaba anunció que el Grupo Socialista interpondría una moción de censura. La moción obviamente no contaba con apoyos suficientes para derribar al Gobierno, pero obligaría (no legalmente, pero sí políticamente) al Presidente a comparecer en el Congreso e incluso a debatir contra Rubalcaba ante la atenta visión de los españoles. Fruto de esas presiones, Rajoy decidió reaccionar y comparecer en el Congreso de los Diputados el 1 de agosto, lo que se interpretó como una gran victoria política del PSOE y en especial de Alfredo Pérez Rubalcaba, porque suya había sido la iniciativa de presentar la moción de censura.

Los siguientes meses hasta la celebración de las elecciones europeas de mayo, transcurrirían con el partido imbuido en el debate sobre las primarias a la Presidencia del Gobierno, aprobándose en enero de 2014 unas primarias abiertas a todas la ciudadanía, que se celebrarían el 30 de noviembre de 2014, justo después de las primarias para los candidatos autonómicos y locales, que en principio no serían abiertas.

Sin embargo, el resultado obtenido en las elecciones europeas del 25 de mayo de 2014 (el PSOE pasó de 23 a 14 eurodiputados), obligó a Rubalcaba a retirarse del tablero de juego al día siguiente, el lunes 26 de mayo. A mediodía, en una rueda de prensa en Ferraz, el entonces Secretario General socialista convocó un Congreso Extraordinario para elegir nuevo Secretario General para mediados de julio, pero no dimitió en ese momento, sino que conservó el poder hasta que Pedro Sánchez fue elegido Secretario General. Algunos dicen que por tener controlado el proceso sucesorio, otros, que la causa de la dimisión "en diferido" de Rubalcaba había que encontrarla en la abdicación del Rey, ya que quería asegurar el apoyo rotundo del PSOE al proceso diseñado por Zarzuela.

Así pues, y convocado el Congreso Extraordinario para julio, la principal incógnita en el horizonte socialista era saber quiénes darían el paso. Quiénes asumirían la responsabilidad de intentar ser Secretario General del PSOE.

Patxi López dimitió como Secretario General del Partido Socialista de Euskadi el mismo día que Rubalcaba, defendiendo el congreso cerrado y descartando su propia candidatura. Todas las miradas se dirigieron automáticamente hacia Sevilla. El gran referente era Susana Díaz, la Presidenta de la Junta de Andalucía, que callaba mientras se despejaba el panorama, diciendo por un lado que su prioridad era Andalucía, pero por otro lado viendo cómo su equipo hablaba del gran papel que la lideresa andaluza tendría en el Congreso extraordinario, declaraciones enigmáticas que hacían las delicias de la prensa.

A todo esto, Carme Chacón se desgañitaba pidiendo las primarias antes que el congreso en todos los medios que querían escuchar, recogiendo la opinión de una parte importante de las bases, desde luego nada desdeñable.

La sorpresa llegó apenas unos días después de la dimisión de Rubalcaba, y la dio por quien era considerado internamente el delfín de Rubalcaba: Eduardo Madina. El joven diputado vasco, número 2 del Grupo Parlamentario en el Congreso, opinó ante los medios que el Congreso Extraordinario no debería celebrarse bajo el método tradicional de voto indirecto a través de representantes, sino que cada militante debería poder elegir directamente al próximo Secretario General. Si esto ocurría, Madina presentaría su candidatura.

Y como por arte de magia, la Ejecutiva Federal liderada por Alfredo Pérez Rubalcaba prometió estudiar el tema, llegando a salir ante la prensa Rubalcaba a decir que la petición de voto directo de la militancia le parecía bien, que era un clamor de la militancia, pero que debería ser aprobada por los barones del partido, que mayoritariamente preferían que fuese Susana Díaz la nueva Secretaria General.

Los movimientos pues, estaban sobre el tablero. Algunas lenguas quisieron ver el movimiento de Madina como una estrategia del mismo Rubalcaba para frenar la aclamación de Susana Díaz que preparaban los barones territoriales del PSOE.

Los barones, por su parte, se vieron forzados a aprobar el dardo envenenado que les había lanzado Rubalcaba: el permiso para celebrar el congreso por "1 militante, 1 voto". La jugada le salió redonda al entorno de Rubalcaba. Madina se presentaba como el candidato que posibilitó a la militancia la elección del Secretario General por primarias y con esta propuesta desbarató a la vez las tentaciones de subir a Madrid del entorno de Susana Díaz, suponiendo que existiesen algún día.

En respuesta a esto, el PSOE andaluz (y muchos barones siguiendo a la andaluza) apoyó en bloque a un candidato que se había presentado como el candidato de la militancia. Un hombre sin demasiadas opciones cuando empezó el proceso, ya que no era demasiado conocido por la militancia, aunque llevaba meses recorriendo España de cara a una hipotética candidatura a las primarias a la Presidencia del Gobierno del PSOE. Este hombre era ni más ni menos que Pedro Sánchez, Diputado por Madrid, coordinador de la última Conferencia Política del PSOE y hombre de confianza del todavía poderoso José (Pepe o Pepiño) Blanco, el ex vicesecretario General del PSOE de Zapatero y Ministro en sus gabinetes.

Los resultados de las primarias dejaron claro quiénes habían sido los ganadores del Congreso Extraordinario. Pedro Sánchez consiguió el 49 % de los votos, sobre el 36% de Madina y el 15% que cosechó el miembro de Izquierda Socialista[58] José Antonio Pérez Tapias, tras conseguir heroicamente los avales necesarios para poder optar a la Secretaría General. Pedro Sánchez sacó a Madina unos 16 000 votos de diferencia, de los que unos 11 000 fueron la diferencia que le sacó en Andalucía, por otra parte, la Comunidad Autónoma con más militantes socialistas.

---

[58] Izquierda Socialista es una corriente interna del PSOE, que se sitúa ideológicamente más a la izquierda que la mayoría del partido.

Sin embargo, no hay que dejar de reconocer el mérito de Sánchez y su equipo a la hora de presentar su candidatura, ya que sin duda su trabajo tuvo que ver también en el resultado de la consulta a la militancia. No en vano, Sánchez se había recorrido muchísimos pueblos y ciudades de España para darse a conocer entre la militancia y supo aguantar en el ring mientras que todos los demás candidatos iban cayendo de una u otra forma. Por tanto, la perfecta suma de tener el aparato andaluz a su servicio, unido a estas dos circunstancias, le dieron una victoria abultadísima, la cual que le permitiría tener la mayor legitimidad que nunca ha tenido un Secretario General en el PSOE, la otorgada directamente por su militancia.

Este Congreso pues, significó para el PSOE mucho. Significó en primer lugar la llegada del voto directo de la militancia y la consiguiente buena imagen que la opinión pública se llevó, en un momento en el que se pedía mayor democracia interna a gritos desde todos los foros. Pero también significó la retirada de la primera línea de una generación para dar el poder a otra. Ni Pedro Sánchez ni Cesar Luena (el nuevo número 2) ni la mayoría de las caras del núcleo duro de la nueva ejecutiva eran identificados con la época de Zapatero. Prácticamente todos tenían entre 35 y 45 años y no habían ocupado cargos de gran importancia durante las dos anteriores etapas orgánicas, aunque muchos eran Diputados o Senadores ya. Y por último, tuvo un significado de indudable importancia histórica. Este congreso significó la retirada de la primera línea del incombustible Rubalcaba, que llevaba desde 1992 sin parar, cuando fue elegido Ministro de Educación por Felipe González. Este largo recorrido político, unido a la leyenda negra que determinados actores políticos (sobre todo en la derecha política y mediática) construyeron en torno a su persona, le convierten en un personaje excepcional en la política española desde la vuelta de la Democracia. A él le llegaron a atribuir un papel fundamental en los G.A.L. y en las teorías de la conspiración del 11-M. Más allá de leyendas, Alfredo Pérez Rubalcaba deja en su haber, entre otros, ser el Ministro del Interior que acabó con E.T.A., quedando en su debe el no haber conseguido el repunte del PSOE tras el resultado dantesco de las elecciones de 2011. Rubalcaba ha sido y es una figura que ha concitado los odios de gran parte de la derecha española y a veces de sus mismos compañeros del PSOE, pero también ha sido en muchas ocasiones un político muy bien valorado por los españoles, una figura de la que se pueden tener opiniones dispares, pero que sin duda, tiene ya su sitio en la historia reciente de nuestro país.

10 CATALUNYA, NOU ESTAT D'EUROPA

Vista la primera parte del proceso soberanista catalán al principio de este libro, toca ahora hacer un recorrido por los sucesos que siguieron a las elecciones del 28 de noviembre de 2010, donde acabábamos el anterior capítulo.

Artur Mas fue investido *President* el 23 de diciembre de 2010, tras conseguir la abstención de los 28 diputados del PSC en la segunda votación, en la que no hacía falta la mayoría absoulta del *Parlament*, situada en 65 escaños. Los 62 escaños de CiU se impusieron a los 45 que sumaban todas las fuerzas políticas presentes en el parlamento catalán menos el PSC: ERC, ICV, PP, SI y Ciutadans. El

PSC facilitó la investidura de CiU en un documento en el que se decía, entre otras cosas, que "Las reformas del marco constitucional y estatutario se plantearán, si se tercia, desde el consenso como mínimo de CiU y PSC"[59]. Ni que decir tiene que Artur Mas y CiU no cumplirían con esta parte del acuerdo.

El pacto inicial con el PSC quedó en agua de borrajas, apoyándose CiU en el PP Catalán para aprobar las leyes de presupuestos para los años 2011 y 2012. El PP no dudó en apoyar unos presupuestos que no hacían sino coincidir sustancialmente en las políticas que se hacían desde Madrid: recortar el gasto público para conseguir llegar a los objetivos de déficit con los que tenía que cumplir Cataluña. Así pues, la relación política entre PP y CiU, mientras el tema protagonista de la legislatura fueron las políticas económicas, fue bastante plácida, en tanto que había comunión de objetivos entre dos opciones ideológicamente parejas en lo económico.

Los recortes del Govern no sólo ayudaron a compactar las relaciones entre PP y CiU, sino que además

---

[59] Acord per a facilitar la investidura d'Artur Mas com a President de la Generalitat de Catalunya, Barcelona, 22 de diciembre de 2010, en http://www.elperiodico.com/resources/pdf/5/1/1293042889815.pdf

encontraron una respuesta social adversa, siendo especialmente importante entre los funcionarios públicos, en concreto en los servicios públicos de la educación y la sanidad, formándose la llamada Marea *Groga*[60] contra los recortes en educación y numerosas plataformas en defensa de la sanidad pública.

En este contexto de fuerte rechazo social al Gobierno de CiU, en el verano de 2012, Artur Mas decidió poner en juego una vieja reivindicación de CiU y del nacionalismo catalán: la petición de un pacto fiscal con el Estado, similar al Concierto económico vasco, que proporcionase a Cataluña una nueva forma de financiarse. CiU ponía en marcha por tanto su vena más nacionalista, que había estado abandonada a causa del necesario entendimiento que necesitaban con el PP para aprobar las leyes económicas, en especial los presupuestos. Mas volvía al argumento de que todos los recortes en servicios públicos que estaba llevando a cabo su gobierno se debían a la injusta financiación a la que el Estado sometía a Cataluña, y que por tanto, la mejor forma de evitar estos recortes era abordando un nuevo modelo con el Estado.

---

[60] La marea amarilla, en castellano.

El *Espanya ens roba* volvió a salir cuando no hacía ni 2 años de la investidura de Mas como *President*.

Decidido a lograr una gran legitimidad para enfrentarse a Rajoy, Artur Mas llevó al *Parlament* una resolución sobre el pacto fiscal, que logró aprobar con el apoyo de ERC, ICV y el PSC en algunos puntos de la misma, y con el rechazo frontal de Ciutadans y el PP, el que había sido su socio hasta entonces. Esta resolución sobre el pacto fiscal es tremendamente importante, puesto que aquí ya se pueden observar dos cosas que veremos conforme avance el capítulo. En primer lugar, quiénes serán los apoyos de CiU en el proceso soberanista posterior y en segundo lugar, la postura ambigua del PSC que, fruto de un intenso debate interno entre sus facciones más y menos catalanistas, ni apoya ni deja de apoyar el comienzo del proceso.

Por tanto, si bien la sentencia del Estatut crea el "caldo de cultivo" para el proceso en la sociedad catalana, en forma de ese sentimiento de humillación tras el recorte del TC de un texto votado por la mayoría de la sociedad catalana, es la petición del pacto fiscal la que organiza y aglutina el frente soberanista parlamentario a favor de la consulta con CiU, ERC e ICV-EUiA (posteriormente se incorporaría la CUP, que no está presente hasta noviembre de 2012 en el *Parlament*).

El 11 de septiembre de 2012, un millón y medio de catalanes inundarían Barcelona bajo el lema que titula este capítulo: Catalunya, nou Estat d'Europa, una Diada multitudinaria convocada por la Assemblea Nacional Catalana, entidad de la sociedad civil que se coronaría ese día, tras semejante demostración de fuerza, como el principal actor a favor de la independencia, más allá de los partidos políticos. La ANC comienza este día a marcar la hoja de ruta del Govern de Artur Mas, y ya no haría sino aumentar su influencia exponencialmente, como veremos conforme los acontecimientos se sucedan en estas lineas.

No quiero dejar pasar este punto sin deslizar unas líneas sobre la ANC, organización creada en abril de 2011, contando con la "Declaración de la Conferencia Nacional para el Estado Propio" como documento fundacional. Documento en el cual ya se podían observar los objetivos principales de la entidad, que no eran otros que crear una mayoría política en el *Parlament* que convocase un referéndum de autodeterminación y, en caso de tener un resultado favorable, proclamar la independencia incluso unilateralmente, sin contar con el Estado Español. Entre otros puntos interesantes del documento, podemos destacar la intención de la ANC de no formar una candidatura propia ni formar parte de ninguna candidatura de otras fuerzas a ninguna elección, con tal de mantenerse como un actor político de todos aquellos que quieren la independencia, sin entrar en cuestiones ideológicas.

Así pues, y sintiéndose respaldado en su deriva secesionista por la ANC y varios partidos políticos, Artur Mas se reunió con Rajoy para pedirle un pacto fiscal para Cataluña, a lo que el Gobierno responde como era de esperar, con un no rotundo, y además situando a Mas fuera de la Constitución, lo que deja ya entrever cuál sería la estrategia del PP en los próximos meses: la consulta es inconstitucional, luego no hay nada que hablar.

Artur Mas, sabedor sin duda de la posible negativa del Gobierno al pacto fiscal, necesitaba una excusa para convocar elecciones que aglutinasen una mayoría secesionista en el *Parlament*, por lo que únicamente fue a

Madrid a por eso. Por tanto, conseguida la negativa del Gobierno, el camino hacia la convocatoria electoral quedaba despejado. Así fue: el 25 de septiembre de 2012, tan solo 5 días después de su encuentro con Rajoy, Mas convocaba elecciones al *Parlament* para el 25 de noviembre, cuando no había cumplido ni 2 años de legislatura.

Con esta convocatoria, Mas pretendía capitalizar el movimiento social secesionista que se había generado en Cataluña. Sin embargo, los resultados electorales no fueron, para nada, los esperados. CiU perdió 12 escaños y se quedó con 50, pero a cambio, ERC pasaba a ser la segunda fuerza, siendo la gran triunfadora de la noche, con 21 escaños, relegando al PSC a la tercera posición, con 20 escaños. Significativos fueron también los resultados de Ciudadanos, que pasaba de 3 a 9 escaños y de la CUP, que entraba en el *Parlament* por primera vez con 3 escaños. Por lo tanto, Mas fracasó en el intento de ser el político que capitalizase el soberanismo; es cierto, pero aquella noche fue aun así triunfal para el soberanismo catalán, porque consiguió su gran objetivo: una mayoría absoluta secesionista, que se rubricaría con el pacto de gobernabilidad suscrito entre ERC y CiU.

Este acuerdo de gobernabilidad permitiría continuar con el proceso soberanista, llegando a la celebración de una consulta en la que los catalanes decidiesen si querían continuar con España o no.

Suscrito el acuerdo de gobernabilidad, todo el debate político en Cataluña se centraría en la convocatoria de la consulta para el próximo año, dedicando sus esfuerzos a este objetivo de manera prioritaria el nuevo gobierno catalán, que asumió gran parte del programa de ERC y de la ANC, que han sido quienes han marcado la agenda desde primer día al *President* Mas y a CiU.

El proceso seguiría con la creación en abril de 2013 del Consejo Asesor para la Transición Nacional, uno de los puntos fijados en el acuerdo de gobernabilidad entre CiU y ERC. Este órgano, compuesto por catedráticos y profesores universitarios, sería el encargado de asesorar al Govern sobre las estructuras necesarias para el nuevo Estado catalán, una vez obtenida la independencia.

En diciembre de 2013 se dio el siguiente paso. El *President* Mas anunció la convocatoria del referéndum para el 9 de noviembre de 2014, tras llegar a un acuerdo con los principales partidos independentistas. La pregunta sería la siguiente: "¿Quiere que Cataluña sea un Estado?" y "En caso afirmativo, ¿quiere que este Estado sea independiente?".

El Gobierno catalán, sabedor a juicio del que escribe de la ilegalidad de la consulta, aprobó en el *Parlament* una petición formal al Estado de transferencia de la competencia para celebrar la consulta. El 8 de abril de 2014, el Congreso la rechazaría por 299 votos en contra y 47 a favor.

Quedaba pues cerrada toda posible vía legal de celebración de la consulta, por lo que el Govern y el Gobierno se enzarzaron en una guerra de argumentos sobre la legalidad de la consulta y la competencia o no de la *Generalitat* para celebrarla. La *Generalitat*, asumiendo el argumento de que no era un referéndum, al no preguntársele al cuerpo electoral en sí (se preguntaba a los mayores de 16 años y a extranjeros residentes en Cataluña), puso en marcha todos los preparativos para la consulta del 9 de noviembre, haciendo caso omiso al Gobierno, quien una vez aprobado el Decreto de convocatoria de la consulta, interpuso recurso de inconstitucionalidad ante el Tribunal Constitucional. EL TC suspendió la consulta soberanista, suspensión que acató el *President* Mas, lo que demuestra sin duda un cierto respeto por las reglas del juego que el Estado Español impone en este punto del proceso.

Una vez suspendida la consulta del 9 N, las presiones por parte de ERC, la ANC y otros elementos del frente proconsulta, llevaron al *President* Mas a anunciar un proceso participativo que sustituiría al oficial planteado inicialmente. Ya no sería la *Generalitat* quien capitanearía la consulta, sino las entidades de la sociedad civil y los voluntarios que se inscribiesen para hacerlo posible.

El proceso participativo del 9N fue visto como un éxito por los partidos proconsulta y como un tremendo fracaso por los partidos contra la consulta. Participaron alrededor del 33% de los llamados a votar, obteniendo la opción independentista alrededor del 80% de los votos emitidos. Que cada uno saque sus conclusiones.

Como conclusión al capítulo, se debe observar lo siguiente. El proceso soberanista catalán es el mayor problema territorial que ha enfrentado nuestro país desde la llegada de la Democracia. Por mucho que la participación en la consulta del 9N fuese pírrica, sin duda sirvió para dejar claro que hay un gran número de catalanes que no están cómodos en su relación actual con España. No tener en cuenta o hacer de menos a estas personas no sólo es una tremenda falta de respeto a quien piensa diferente, sino que además es un error político de gran tamaño. Creer que el 9N enterró el proceso soberanista catalán es tan absurdo como creer que el sol sale por el oeste. Así lo demuestra la convocatoria de elecciones para el 27 de septiembre de 2015 y posterior desarrollo de la investidura tras ellas o la ruptura de la coalición entre CDC y UDC, que les llevaría a presentarse por separado tras décadas juntos.

La posición de los partidos a favor de la consulta fue exagerada, es cierto, se hicieron demasiadas declaraciones rimbombantes en nombre de todo el pueblo de Cataluña cuando supuestamente hay casi un 70% del pueblo catalán que no está a favor de la independencia, como demostró el 9 N. Esto hace sospechar sobre el inflado artificial de las aspiraciones independistas, no obstante

CiU y ERC contaban entonces con la mayoría absoluta del *Parlament*. Sin embargo, no es menos cierto que el llamado bloque en contra de la consulta, ni ha actuado como bloque, ni ha llevado una propuesta alternativa seria a los catalanes que no quieren la independencia.

El Gobierno y el PP se han atrincherado en la Constitución y en lo establecido por el Tribunal Constitucional, cuando la Constitución ofrece vías para salir triunfantes de este entuerto. ¿Por qué no se autorizó la celebración del referéndum por el Congreso a partir de la transferencia del artículo 149.1.32? Esto fue lo que en Escocia hizo el Gobierno conservador de David Cameron, y ganó el NO a la independencia, rentabilizando Cameron meses después su audacia en una mayoría absoluta, cuando la mayoría de las encuestas le daban perdedor. Muy probablemente, la convocatoria legal del referéndum del 9N habría ofrecido una gran victoria a los que están a favor de seguir juntos, pero no se quiso ganar ese partido. Rajoy, que tantas veces pone a Cameron como ejemplo a seguir, no quiso fijarse en su colega inglés esta vez.

Pero no toda la culpa es del PP. El PSC no supo

aprovechar la oportunidad. La velocidad que adquirió este proceso dejó al PSC noqueado, que sólo supo reaccionar con una vaga propuesta federalista que nadie sabe muy bien en qué consiste exactamente. En un escenario tremendamente polarizado, como el que se dio en Cataluña antes del 9N, el PSC desorientó a sus votantes tradicionales al no defender claramente la unidad de Cataluña con el resto de España, lo que implicó consecuentemente la fuga de una gran parte de los votantes hacia las tesis de Ciudadanos, que crecía conforme menguaba el PSC. Pero claro, el PSC tenía un problema que afloró conforme arreciaba el debate independentista. Y es que, mientras que la mayoría de sus votantes estaban en contra de la independencia, había un buen número de cuadros medios y altos que estaban a favor del derecho a decidir y que coqueteaban abiertamente con la independencia, lo que llevó precisamente a esa respuesta ambigua de la que hablábamos, que no conquistó a demasiados en el escenario de la Cataluña de esos días.

Queda por ver cómo acabaría este proceso tras las elecciones del 27 de septiembre. ¿Se declararía unilateralmente la independencia si saliese una mayoría soberanista en el *Parlament*? ¿Tras las generales de diciembre, habría un gobierno en Madrid más sensible a las reivindicaciones del bloque independentista? ¿Tiene marcha atrás este proceso o el daño es irreversible? Aunque lo pueda parecer, la suerte no está ni mucho menos echada.

11 NARANJITO

Sábado, 26 de octubre de 2013. Un exultante Albert Rivera aparecía ante las 600 personas que componían el aforo máximo del Teatro Goya de Madrid. No era para menos. La presencia mediática estaba asegurada y todas las previsiones de aforo se desbordaron: 700 personas se tuvieron que quedar sin entrar y ver el acto por pantallas.

El Movimiento Ciudadano que Rivera presentaba aquel sábado de otoño había cosechado más de 25 000 apoyos en una semana. De todo lo que dijo el joven diputado catalán, los medios de comunicación se quedaron con un titular: "nos presentaremos por las buenas o por las urnas". Rivera conminó a PP y PSOE a asumir los postulados básicos de su proyecto, que pasaban por la creación de un pacto nacional por la educación, la reforma de la ley de partidos, de la ley electoral, la separación efectiva de poderes y una reforma de la administración local. En caso de no cumplirse, no quedaría otra opción que presentarse a las elecciones, lo que implicaría extender Ciudadanos a toda España desde Cataluña.

2014 sería pues el año de la expansión territorial de Ciudadanos, pero 2015 sería el de su consolidación como protagonista del sistema político español.

Los resultados de las elecciones europeas del 25 de mayo de 2014 fueron el primer aviso de lo que estaba por pasar en el sistema de partidos. Podemos, el nuevo producto de la izquierda, pese a hartarse a repetir de que no eran ni de izquierdas ni de derechas, había sacado 5 eurodiputados y casi 1 250 000 votos, poniendo en guardia a PP y PSOE y respirándole en la oreja a IU.

Un mes después, con Podemos en la cresta de la ola mediática, Josep Oliu, el Presidente del Banco Sabadell, en tono humorístico, hizo el comentario de que había que crear "un Podemos de derechas", orientado a la iniciativa privada y al desarrollo económico. Sin entrar en teorías de la conspiración sobre la supuesta financiación de las empresas del IBEX 35 a Ciudadanos, Oliu hizo un ejercicio magnífico de adivinación. Estaba definiendo – más o menos- lo que sería Ciudadanos próximamente: un partido con apariencia de nuevo (porque existía desde 2006), lleno de gente nueva (y menos nueva) que ofrecía una alternativa liberal, tanto en lo económico como en lo social, y una lucha implacable contra la corrupción que imperaba en el país.

Con esta "salida al ruedo", Ciudadanos completaba el nuevo juego de partidos que consagrarían los procesos electorales de la primavera de 2015, pero este salto, al igual que ocurre con Podemos, es la consecuencia del fracaso de las negociaciones para aliarse con otro partido. En este caso, con UPyD.

A unos meses de las autonómicas y locales, en noviembre de 2014, Albert Rivera y Rosa Díez se reunieron con tal de explorar una candidatura conjunta para las elecciones que estaban por venir. El encuentro, como los anteriores, fue un fracaso. ¿Por qué? Quizás por la falta de sintonía personal entre ambos líderes, quizás porque UPyD creía que podía seguir creciendo por sí sola y que no le hacía falta Ciudadanos, quizás porque UPyD vio como un farol, más que como una realidad, la posible expansión territorial de Ciudadanos. Y es que Ciudadanos sólo era un partido político catalán que únicamente hablaba de Cataluña. Distaba de ser pues, un partido político con un proyecto nacional como el que tenía UPyD.

Finalmente, el gran perjudicado de este desencuentro fue UPyD. ¿Inesperadamente? Puede ser. No en vano, UPyD ya tenía presencia en toda España, puestos en las instituciones y una líder conocida por todo el país. Además, las encuestas les auguraban un buen resultado electoral y la posibilidad de ser decisivos en muchos lugares. Sin embargo, las cosas se le fueron torciendo conforme aumentaban exponencialmente las opciones del partido de Rivera.

Una vez que Ciudadanos decidió formalmente su expansión al resto de España, es cierto que obtuvo una presencia mediática de la que no había gozado UPyD nunca. Pero es que Ciudadanos apareció en un momento muy distinto al que apareció UPyD. Ciudadanos supo enfocar su estrategia hacia un "enemigo" al que había que dar batalla y que no existía en la época de nacimiento de UPyD: Podemos, al que se le quedaban ya cortos los debates entre la casta y la no-casta. Ciudadanos fue directo al discurso de ruptura de Podemos. Mientras que Podemos traería la ruptura total, ellos traerían el cambio sensato, sin renegar de la Transición, simplemente corrigiendo lo que se había hecho mal. Una estrategia parecida a la utilizada por la UCD de Adolfo Suarez al principio de la Democracia, que volvió a resultar. Además, su estrategia de convivencia dentro de la unidad en Cataluña, la cual creció como la espuma ante la indefinición del PSC, fue una gran carta de presentación para el resto de los españoles.

Los medios hicieron lo demás. Dieron a Rivera el protagonismo necesario para que la batalla de la nueva política por fin se celebrase. Le abrieron sus platós, sus primeras páginas y los principales programas de radio del país. El buen verbo de Rivera y la gran estrategia de marketing hicieron lo demás. Ante esta visión, un buen número de personas de centro que no querían votar al PP ni al PSOE por ser vieja política compraron su producto porque veían a Podemos como un partido de radicales de izquierda; también lo hicieron muchos de centro-derecha, que ante un PP acartonado, comido por la corrupción y muy desgastado por la acción de gobierno, se maravillaron con lo que representaba Ciudadanos.

La marca "Ciudadanos" evocaba un partido chic, cuyas principales caras eran personas que venían del mundo de la empresa, gente de clase media y media-alta, urbanita, preparada y con idiomas. Sobre esta marca la organización comenzó a crecer en las encuestas. El CIS de enero apenas le daba un 3,1 en estimación de voto, por el 4,9% de UPyD, mientras que en abril, ya celebradas las elecciones andaluzas, donde el partido de Rivera entró con 9 escaños; Ciudadanos obtenía un 13,8% en estimación de voto, a menos de 3 puntos de Podemos, por el pírrico 1,9% de UPyD.

Ciudadanos adoptó una forma de expansión territorial que le permitió rápidamente alcanzar la estructura necesaria para poder competir con dignidad en las elecciones locales y autonómicas de mayo de 2015. Pactó con numerosos partidos locales que le permitieron tener una estructura mínima en numerosas Comunidades Autónomas, poniendo como ejemplo el pacto con Ciudadanos de Sanlúcar, la fuerza que gobernaba con el PSOE en Sanlúcar de Barrameda y de la que salió el que candidato a la Presidencia de la Junta por Ciudadanos, Juan Marín. Esta forma tan rápida de crecer tuvo contratiempos, ya que la Secretaría de Organización se vio obligada a paralizar numerosas afiliaciones y a retirar las listas electorales en localidades como Miranda de Ebro (Burgos), el Casar de Escalona (Toledo) o Móstoles (Madrid). También recayeron sobre Ciudadanos acusaciones por su permisividad ante el paso al partido de concejales electos por otros partidos, llegando a decirse que Ciudadanos contaba con concejales antes de concurrir a unas elecciones.

A la vez que se iba construyendo la organización territorial de Ciudadanos y se construían las candidaturas a los Ayuntamientos y las Comunidades Autónomas, el equipo de Rivera no olvidaba su principal objetivo: las elecciones generales, previstas para finales de 2015.

El camino hacia las generales lo empezó formalmente Ciudadanos el 17 de febrero en el Círculo de

Bellas Artes de Madrid, nuevamente abarrotado y dejando mucha gente sin poder pasar. Allí se presentó la primera parte de su programa económico, que había desarrollado su flamante fichaje, el economista de la London School of Economics, Luis Garicano, acompañado del exPresidente de la CNMV, Manuel Conthe. Entre las principales medidas de aquel programa destacaron el contrato único con indemnización creciente; el complemento salarial anual garantizado, un impuesto negativo de la renta, o complemento a percibir por aquellos que no obtuviesen un mínimo anual de rentas del trabajo, así como una ley de segunda oportunidad donde se llega a apostar por la dación en pago como solución a las deudas hipotecarias. Durante el mes de abril, Garicano y Rivera presentaron la segunda y la tercera parte del programa económico de Ciudadanos, tratando la segunda parte sobre propuestas de innovación para las empresas y la tercera parte de medidas fiscales, que contenían medidas para atajar el fraude fiscal, que permitiría bajar impuestos como el IPRF y el IVA a las clases medias.

Las elecciones del 24 de mayo de 2015 fueron un paso más en la construcción del partido, ya que por primera vez entró, más allá de Cataluña, en numerosos Ayuntamientos y Parlamentos Autonómicos, teniendo la posibilidad de condicionar diversos gobiernos. Tal fue el caso de la Comunidad de Madrid, donde apoyó la investidura de la popular Cristina Cifuentes o en Andalucía, donde apoyó a la socialista Susana Díaz como Presidenta de la Junta. La misma actitud adoptó en el ámbito local, donde apoyó a gobiernos tanto del PSOE como del PP, bajo el argumento de que su centralidad le permitía pactar tanto con la opción de izquierdas como con la de derechas, al contrario que Podemos, para quien el pacto con el PP o siquiera el permitirle gobernar era una línea roja intraspasable.

Una vez pasadas las locales y autonómicas, consolidado Ciudadanos por las encuestas como nuevo miembro del "club de los partidos importantes" gracias a sus opciones de ser cuarta fuerza en las generales y teniendo en cuenta que había convocadas elecciones al *Parlament* de Cataluña para el 27 de septiembre, a Albert Rivera le quedaba por tomar una decisión difícil. ¿A qué elección se presentaba como candidato? Había tres opciones: presentarse a las catalanas, presentarse a las generales o incluso, presentarse a las dos.

La opción de las catalanas era una opción segura, pero arriesgada. Segura porque Albert Rivera muy probablemente sería el líder de la oposición en el nuevo *Parlament*, al ser más que probable una reedición entre ERC y CDC o desde luego, el líder de la oposición en contra de la independencia, al esperar Ciudadanos un resultado mucho mejor que el de PSC, UDC o PP. Sin embargo, era una opción arriesgada a nivel nacional, porque Ciudadanos había hecho una campaña mediática tan personalizada en la figura de Albert Rivera que los costes de promocionar otro candidato serían muy altos. Al fin y al cabo, todos los votantes de Ciudadanos de fuera de Cataluña querían ver a Rivera en la Carrera de San Jerónimo, por lo que les costaría entender que fuese otro quien ocupase su lugar. En segundo lugar, la opción de dejar Cataluña era la más posible, ya que permitiría refrendar el proyecto nacional de Ciudadanos con la candidatura de Albert Rivera, y además dejaría Cataluña en manos de una de sus personas de confianza, que al ser seguramente Diputado en el *Parlament*, no tendría que afrontar grandes costes políticos para ser reconocido por el electorado. Como contras, el que los catalanes ya no tendrían a Rivera como referencia en sí. No verían su nombre en las papeletas el 27-S, por ser más explícitos. Por último estaba la opción de concurrir a los dos procesos, aglutinando las ventajas que hemos explicado anteriormente, añadiendo además que la campaña catalana podría darle una proyección mediática extra y que los resultados en las catalanas le podrían catapultar hacia las generales. Sin embargo, esta opción tenía una desventaja muy clara, y es que, la posibilidad de que Rajoy adelantase las elecciones a septiembre, haciéndolas coincidir con las catalanas incluso, era muy real. De ser así, Rivera, y una buena parte del potencial de Ciudadanos podría ser anulado políticamente en Madrid, y quién sabe si habría otra ocasión como esta para dar el salto a la política nacional.

Quizás obedeciendo a este análisis racional o quizás escuchando a su corazón, Albert Rivera optó por presentarse a las generales. Lo anunció en Madrid, en un hotel al lado del Manzanares, el 22 de junio de 2015. Dos días antes, Inés Arrimadas, figura política creciente de Ciudadanos, a quien el partido había promocionado en varias tertulias y shows mediáticos, comunicaba su intención de presentarse a las primarias a la Presidencia de la *Generalitat*. La incógnita quedaba despejada y por tanto, Ciudadanos afrontaría con su líder al frente su batalla más importante hasta la fecha, ser un partido capaz de ofrecer una alternativa sensata a los españoles, que tras décadas rompiese el dominio de PP y PSOE en la política española, situándose en una posición determinante en el nuevo sistema político que todas las encuestas auguraban.

12 BYE BYE PP

Domingo, 24 de mayo de 2015. A eso de las 10 de la noche se confirmaba el que se venía aventurando como el principal titular de la jornada electoral: se acababan los 4 años de dominio hegemónico del PP en las instituciones locales y autonómicas del país. Y además, el epílogo de este poder cuasihegemónico se escribía con dureza para los que, 4 años atrás, descorchaban el champán ante una Calle Génova llena de simpatizantes que jaleaban a sus dirigentes, mezclando sus gritos de júbilo con el DJ de turno que amenizaba la fiesta.

Madrid, perdida por un concejal. Valencia y Sevilla también perdidas… El golpe fue tan grande que, de las grandes ciudades del país, sólo Málaga quedó en poder del PP. La que mejor lo escenificó fue Rita Barberá, Alcaldesa de Valencia, al abrazarse ante la prensa a un dirigente del PP Valenciano y reconocer el golpe político que la ciudadanía le había asestado al PP: "Vaya hostia, vaya hostia", fueron sus palabras.

En las Comunidades Autónomas, el golpe tuvo las mismas dimensiones. El PP perdió Castilla- La Mancha, Extremadura, Baleares, Aragón, Cantabria y por supuesto, la Comunidad Valenciana, donde había gobernado desde 1995 sin interrupción, a pesar de los casos de corrupción que habían salpicado a ex Presidentes y al mismo PP Valenciano. Sólo Cristina Cifuentes mantuvo Madrid para el PP y a duras penas, ya que el posible pacto con Ciudadanos sólo sumaba un escaño por encima de la dupla formada por el PSM de Ángel Gabilondo y por Podemos de la Comunidad de Madrid. En Murcia, Castilla y León, y la Rioja, también sería necesario el apoyo o la abstención de Ciudadanos para mantener los gobiernos.

Unos años atrás, sin ninguna duda hubiera dicho que el gran triunfador del 24-M era el PSOE, pero esta vez las cosas no eran tan sencillas. Con el PSOE se dio una paradoja digna de comentar aquí, y es que, pese a perder unos 700.000 votos en el conjunto del Estado (en las municipales), pasó a gobernar varias Comunidades Autónomas y un gran número de Ayuntamientos del país, solo o con el apoyo de Podemos, de las candidaturas de unidad popular, de IU o de Ciudadanos. Pedro Sánchez, con apenas un año de mandato a sus espaldas, pasaba la primera prueba con aprobado raspado. Los pactos postelectorales y el buen resultado en Madrid pese a no gobernar, donde había apostado por Ángel Gabilondo como candidato en vez de Tomás Gómez, destituido en febrero, le dieron el oxígeno necesario para llegar como Secretario General del PSOE a las generales de finales de 2015. Además, merece ser tenida en cuenta la diferencia de votos cosechada entre los candidatos autonómico y municipal del PSOE en la capital de España, superando Gabilondo a Antonio Miguel Carmona (el candidato a alcalde) por más de 300 000 votos, encontrándose las causas de la diferencia en la distinta impresión que Carmona y Gabilondo causaban en el electorado y en que Carmona luchaba en su espacio ideológico-electoral contra la candidatura de la juez Manuela Carmena, cuya campaña se convirtió en un fenómeno viral que la llevó en volandas a la Alcaldía de la capital.

Más allá del PSOE, y siguiendo con lo que dicho, las grandes protagonistas del 24-M y de la campaña electoral fueron las candidaturas de unidad popular o del cambio, unas listas en las que participaban desde personas independientes –como Manuela Carmena, a la postre Alcaldesa de Madrid– a personas de diferentes movimientos sociales –como Ada Colau, elegida Alcaldesa de Barcelona– o de diferentes partidos políticos, como Podemos, IU en algunos lugares o Equo.

Si bien la gran mayoría de candidaturas del cambio surgen tras la escenificación de ruptura del bipartidismo que significó la entrada de Podemos en las elecciones al Parlamento Europeo de mayo de 2014, es la renuncia de Podemos a presentarse con marca propia la que les dio el espaldarazo definitivo, la cual se produjo durante la Asamblea constituyente del partido en otoño de 2014. Teniendo en cuenta esta circunstancia, se pusieron en marcha iniciativas en las distintas ciudades de España, entre las que destacan Ganemos Madrid, plataforma creada a partir de la iniciativa "Municipalia", donde participaban personas provenientes de IU, Equo o Podemos a nivel personal, además de miembros provenientes de movimientos sociales; o Guanyem Barcelona, reconvertida a "Barcelona en comú", tras registrar el nombre una persona ajena a la plataforma, lo que impidió continuar con esa nomenclatura.

En Madrid, Ganemos Madrid firmó un pacto con Podemos tras unos días de gran tensión entre las partes, producida por unas declaraciones del Secretario General de Podemos en Madrid, Jesús Montero, en que cuestionaba la entrada de Podemos en un proyecto "precocinado", llamando a iniciar de cero el proceso de confluencia[61]. Al final, las dos partes acabarían llegando a un acuerdo mediante el que establecieron que la fórmula elegida para concurrir a las elecciones sería un partido instrumental: Ahora Madrid, y no una coalición de partidos o una agrupación de electores[62], alumbrando un

---

[61] *Eldiario.es*, 9 de diciembre de 2014.

[62] Mientras que las agrupaciones de electores son formaciones políticas que se constituyen con el aval de un número variable de firmas de electores y sólo y exclusivamente para poder presentar candidatura en un proceso electoral concreto y determinado, las coaliciones de partidos son pactos entre distintos partidos políticos que concurren juntos a un proceso electoral. La fórmula del partido instrumental, por su parte, consiste en la creación de un partido

sistema de primarias para elegir a la cabeza de lista y a los demás componentes de la lista electoral.

La elección de la opción del partido instrumental significó la negativa de la dirección de IU-Madrid a participar en el proceso de confluencia municipal, ya que participar implicaba "diluir" las siglas de la organización en otro partido. Esta decisión fue tomada en contra de un gran número de militantes de IU-Madrid y en contra del criterio de la dirección federal, llegando a pedir la baja de IU el candidato a Alcalde de Madrid, Mauricio Valiente, que se presentaría a las primarias de Ahora Madrid, resultando elegido Concejal por esta formación. La negativa a explorar la vía de la unidad popular en la Comunidad de Madrid también significó la salida de la formación de Tania Sánchez quien, acompañada de varios militantes, formó el partido "Convocatoria por Madrid". Así pues, IU-Madrid se vio obligada a elegir nuevos candidatos en la Comunidad y el Ayuntamiento, eligiendo al poeta Luis García Montero y a la Concejala en el Ayuntamiento Raquel López. Finalmente, IU-Madrid

---

político cuya única misión es presentarse a un proceso electoral concreto, sin que tenga vida orgánica diaria, como en los partidos políticos tradicionales.

quedaría fuera del Ayuntamiento de la capital y de la Asamblea regional.

El ejemplo de Madrid y de Barcelona se siguió en la gran mayoría de ciudades del país, llegando a ser decisivas las candidaturas de unidad popular en el cambio de gobierno municipal en ciudades como Sevilla o Valencia, y alcanzándolo directamente en Zaragoza, Cádiz, La Coruña o Santiago, donde las llamadas mareas consiguieron hacerse con el bastón de mando de la ciudad.

Habiendo hablado de las formaciones políticas que fueron protagonistas aquel 24 de mayo y de los procesos que llevaron a ese día, cabe sacar las conclusiones siguientes.

En primer lugar, que se constató la soledad del PP en el sistema político español. Mientras que el PSOE demostró que podía alcanzar pactos con partidos a su izquierda, pero también a su derecha, el PP sólo fue capaz de llegar a acuerdos con Ciudadanos en aquellos lugares donde la suma de ambos significaba la mayoría absoluta, no explorando siquiera la posibilidad de llegar a pactos con otras fuerzas, produciéndose la excepción con la llamada de Esperanza Aguirre a un gran pacto entre PP, PSOE y C'S para frenar la aspiraciones de la candidatura apoyada por Podemos en Madrid.

En segundo lugar, las elecciones autonómicas y municipales constataron dos hechos: que las candidaturas de unidad popular en las municipales funcionaron mejor que la marca "Podemos" en las autonómicas, lo que llevó a muchos a plantear la posibilidad de llevar una candidatura de unidad popular a las elecciones generales, algo a lo que se negó la dirección nacional de Podemos. Y por otra parte, que Podemos ganó su particular guerra con Ciudadanos por ser el partido "nuevo" más votado, consiguiendo mayor representación y también mayor capacidad de condicionar gobiernos tanto autonómicos como municipales.

En tercer lugar, si bien tras el 24-M el bipartidismo se situó en mínimos históricos, el modelo surgido de las elecciones autonómicas y municipales no parece prever un *sorpasso* de las fuerzas nuevas (Podemos y Ciudadanos) a las fuerzas viejas (PSOE y PP), sino más bien la convivencia entre todas ellas, estando PP y PSOE a una distancia considerable de Podemos y Ciudadanos, formándose un sistema de partidos que encuentra cierta semejanza con el salido de las elecciones de 1977, donde había dos partidos de centro-izquierda e izquierdas, uno grande y uno más pequeño (PSOE y PCE respectivamente) y dos de centro derecha y derechas, siguiéndose la misma regla (UCD y AP). Los resultados de las generales de 2015, confirmarían sólo en parte esta opción, al ser pequeña la distancia entre el segundo y el tercer partido.

En cuarto lugar, debemos tener en cuenta el cambio de percepción que se da al llegar Podemos a acuerdos con el PSOE, pero no con el PP. Este hecho significa una ruptura en el discurso del "todos son iguales" que venía machacando Podemos desde su fundación, posicionando ante la opinión pública al PSOE al menos como partido "menos malo" y por lo tanto no igual que el PP, lo que sin duda contribuye a recuperar el eje ideológico izquierda-derecha para la batalla por las elecciones generales que estaban por venir.

Por último, hay que destacar el hecho de que las protagonistas de ese día histórico fueron mujeres.

Manuela Carmena y Esperanza Aguirre, al ganar y perder respectivamente en Madrid, Ada Colau al ser elegida alcaldesa en Barcelona. Cristina Cifuentes al conseguir salvar la Comunidad de Madrid para el PP, o María Dolores de Cospedal y Rita Barberá, quienes perdieron su poder territorial, tambaleándose durante semanas el número 2 del PP para Cospedal.

Celebradas pues las autonómicas y municipales, sólo quedaría librar la gran batalla por el conjunto del país. Sería en esa convocatoria donde se podría comprobar si todos los hechos que se relatan en estas páginas conseguirían cambiar el sistema político español o si, simplemente, todo lo acontecido obedecería más bien a la frase de Lampedusa en *El Gatopardo*: "cambiar todo para que nada cambie".

13 EN MANOS DE LA CUP

Y el 27 de septiembre llegó a Cataluña. El último órdago del independentismo catalán empezó el 2 de agosto, con la convocatoria de elecciones para permitir expresarse a la mayoría soberanista según declaró el *President* Mas, cuya gran apuesta era la lista *Junts pel Sí*. La lista la conformaban conjuntamente miembros de Convèrgencia y de ERC, además de ser ocupados los primeros lugares por las cabezas de las entidades de la sociedad civil que habían articulado el proceso entre los catalanes y catalanas: la ANC, con Carme Forcadell como número 2 de la lista, y Omnium Cultural, con Muriel Casals como número 3 de la lista.

El acuerdo entre Convergencia y ERC establecía que

Mas y Junqueras ocuparían los puestos 4 y 5, pero dejando claro que el candidato a *President* sería de nuevo Mas (este sería uno de los grandes problemas una vez celebradas las elecciones). La lista tenía por cabeza a Raül Romeva, un exeurodiputado de ICV que había abandonado la formación ecosocialista catalana en 2014, asegurando a su entonces jefe, Joan Herrera, que no sería candidato de otro partido en elecciones locales o autonómicas, lo que evidentemente no cumplió[63].

Así pues, y con el rechazo de la CUP a formar parte de la lista unitaria, el soberanismo tenía una clara referencia a la hora de votar el 27S. Así lo pidieron los principales responsables de las organizaciones soberanistas de la sociedad civil, quienes reclamaron el voto para *Junts pel Sí* e incluso para la CUP, por ser las únicas formaciones que defendían la independencia si sumaban mayoría en el *Parlament*.

ICV, que en momentos anteriores del proceso había estado muy cercano a CiU y ERC en sus postulados en lo referente al derecho a decidir aunque no así con la independencia, prefirió esta vez coaligarse con Podemos

---

[63] *El Mundo (Ed. Digital)*, 10 de agosto de 2015.

de Cataluña, conformando la lista *Catalunya sí que es pot*, siendo su cabeza Lluis Rabell, un activista con una dilatada trayectoria en el movimiento vecinal.

En cuanto a los partidos en contra de la independencia y del proceso en su conjunto, el PSC, el PP de Cataluña y Ciudadanos tuvieron recorridos distintos. Así pues, el PP de Cataluña optó por colocar como candidato al polémico Xavier García Albiol, exalcalde de Badalona conocido por sus declaraciones racistas, en un claro guiño al electorado más conservador y reaccionario, con un evidente giro a la derecha que pretendía capitalizar con la población totalmente contraria al proceso. Ciudadanos, por su parte, optó por la candidatura de la Diputada Inés Arrimadas, ya que Albert Rivera había decidido irse a Madrid a capitanear el crecimiento nacional del partido naranja, decisión arriesgada que acabó siendo un éxito pese a la inexperiencia de Arrimadas como candidata y su desconocimiento por el gran público. El PSC, por último, optó por Miquel Iceta, a quien la militancia socialista colocó como Primer Secretari tras la dimisión de Pere Navarro. Iceta, muy cercano a Pedro Sánchez, compartía plenamente las tesis del PSOE en Madrid, dejando a un lado la propuesta de referéndum de 2012 y esgrimiendo la reforma federal como única solución al proceso soberanista. Quedaban atrás pues la indefinición en la postura de los socialistas catalanes y el abierto enfrentamiento con la dirección federal, aunque también es cierto que ni el PSOE ni el PSC han explicado claramente en qué consiste exactamente su reforma federal.

Tras una campaña que comenzó el 11 de septiembre con una manifestación –la *Via Lluire*- cuya asistencia a la misma la Guardia Urbana de Barcelona cifró en 1,4 millones y que la Delegación del Gobierno en Cataluña puso entre 520 000 y 550 000 personas[64], las elecciones del domingo 27 de septiembre dejaron un escenario susceptible de numerosas interpretaciones.

La noche del 27S fue una noche en la que hubo dos claros ganadores, la CUP y Ciudadanos, y muchos perdedores. *Junts pel Sí* fue claramente la lista ganadora el 27S, sin embargo, la suma de CDC y ERC consiguió menos escaños de los que consiguieron en 2012 por separado, al obtener en esta ocasión 62 escaños, a sólo 6

---

[64] *La Vanguardia (Ed. Digital)*, 11 de septiembre de 2015.

de la añorada mayoría absoluta que le permitiría comenzar de inmediato el proceso de secesión del Estado español. Victoria agridulce que no lo fue tanto debido al espectacular ascenso de la otra formación soberanista, la CUP, que pasó de 3 a 10 diputados y permitirían, con su hipotético sí, la investidura de Mas y el comienzo de la secesión.

El resultado del PSC fue, pese a lo malo, balsámico para sus dirigentes ya que, si bien pasaba de 20 a 16 diputados y el cinturón rojo de Barcelona pasó a votar mayoritariamente a Ciudadanos, contuvo la hecatombe esperada gracias a la gran labor de su candidato, Miquel Iceta, que con su campaña desenfadada (aunque haya personas que puedan calificarla como cercana al ridículo) y su mensaje claro retuvo muchos más votos de los esperados.

Así pues, el gran triunfador de la noche fue Ciudadanos. El partido de Arrimadas y Rivera consiguió 25 diputados desde los 9 con los que contaba en 2012, convirtiéndose su candidata en la jefa de la oposición en el *Parlament*, arrebatando gran parte del cinturón rojo de Barcelona al PSC, ganando municipios como Hospitalet,

El Prat o Terrassa. La jornada fue redonda para el partido naranja, ya que se consolidaba como la principal alternativa al independentismo y hacía una demostración de fuerza en Cataluña cara a las generales de diciembre.

Por último, tanto las fórmulas del PP catalán como de *Catalunya Sí Que Es Pot* no calaron en la sociedad catalana, consiguiendo resultados muy deficientes en relación a lo obtenido en 2012 (de 19 a 11 por el PP) y obteniendo un diputado menos que los obtenidos por sólo por ICV en las últimas elecciones, en el caso de la coalición entre podemos e ICV. También merece mención el que Unió, el antiguo socio de Convergencia, se quedase fuera del *Parlament* por primera vez en Democracia.

Así pues, el proceso de negociación e investidura de Artur Mas comenzó con el registro de la declaración soberanista de desconexión con el Estado español y de construcción de la República Catalana, que fue aprobada en el *Parlament* el 11 de noviembre con los votos a favor de *Junts pel Sí* y la CUP, con el rechazo unánime de toda la oposición.

Más allá de la suspensión de esta declaración por parte del Tribunal Constitucional, la aprobación sin fisuras del documento por parte de todos los grupos secesionistas hacía pensar que Artur Mas no tendría demasiados problemas para ser investido *President* con los votos necesarios de la CUP (sólo hacía falta que 2 de sus 10 diputados votasen a favor para lograrlo en segunda votación).

Sin embargo, la negociación no sería para nada sencilla. La CUP, formación anticapitalista, sostenía que no investirían *President* a Artur Mas por ser responsable de los recortes en servicios públicos y partícipe de la corrupción de la familia Pujol y de CiU durante décadas. Mas, a través de los negociadores de *Junts pel Sí*, cortejó en repetidas ocasiones a la CUP a través de la asunción de un discurso claramente progresista y proclive a aceptar las exigencias de la candidatura anticapitalista, que incluía desde medidas como un plan de choque social hasta la aceptación de una presidencia coral con varios Vicepresidentes con amplios poderes pero, eso sí, manteniendo a Mas como *President*, a lo que la CUP se negaba en redondo. La negociación, como describió Lluis

Bassets magníficamente en El País[65] fue una lucha de líneas rojas, donde ninguna de las dos partes cedió ni se mostró proclive a ello. Ni *Junts pel Sí* cedió en la figura de Artur Mas como *President*, ni la CUP cedió en su rechazo al *President* como condición para apoyar a *Junts pel Sí*, sabiendo ambos que las condiciones que se ponían no serían apoyadas en ningún caso por el otro. Difícil llegar a acuerdos cuando se pide lo que es imposible de lograr.

El proceso adquiriría tintes tragicómicos con la asamblea de la militancia de la CUP celebrada el 27 de diciembre en Sabadell, que acabó con un empate a 1515 votos entre el "sí" a la investidura de Mas y el "no" a la misma, incluyendo un tweet de un militante que lamentaba no haber asistido a la misma y que esperaba "que la decisión no dependiese de un voto". Finalmente, la CUP, en coherencia con lo dicho desde el mismo 27S, tomaría la decisión de no investir a Mas en un Consejo Político Nacional celebrado una semana después, el 3 de enero. Esta decisión implicaba la nueva celebración de elecciones, al no estar *Junts pel Sí* dispuesta a proponer otro candidato que no fuese Mas.

---

[65] *El País (Ed. Digital),* 4 de enero de 2016.

Con el rechazo de la CUP a investir a Mas y la cerrazón de *Junts pel Sí,* cara a proponer a otra persona de consenso como candidato a *President,* el proceso soberanista catalán quedaba herido de muerte.

Los resultados electorales del 27S fueron la primera señal de su desgaste, ya que, si bien en escaños ganaron las fuerzas independentistas, no lo hicieron en votos, lo que significó un revés importante en unas elecciones que se habían convocado no con la intención de formar un nuevo gobierno en sí, sino de ofrecer el único plebiscito oficial que podía convocar la *Generalitat* sin miedo a una suspensión del Tribunal Constitucional, como ya pasó el 9N.

Esta circunstancia, así como la pujanza de opciones y liderazgos que proponían soluciones distintas a la independencia en 18 meses, además de la cierta posibilidad de que ERC no se presentase de nuevo junto a CDC, hicieron a Mas cambiar de opinión. El 9 de enero, apenas a 24 horas para convocar elecciones de nuevo, Mas anunciaba su retirada como candidato, fruto de un acuerdo con la CUP para salvar el proceso.

La decisión tomada por Mas desencalló el proceso soberanista, dejándolo en manos del Alcalde de Girona, Diputado de *Junts pel Sí* y Presidente de la *Associació de Municipis per la Independència,* Carles Puigdemont, un hombre de la confianza de Mas; pero permitía también a la CUP ser coherente con su decisión de no investir a Mas, integrándose de facto en "Junts pel sí" 2 de sus diputados. Así pues, al límite de la muerte del *procés,* Artur Mas lo salvó con su decisión, si bien el apoyo social al proceso soberanista estaba muy debilitado. El camino directo a la independencia quedaba pues, despejado, aunque lleno de incertidumbre.

14 ¿ADIÓS AL BIPARTIDISMO?

Si hubiésemos preguntado a cualquier experto el 12 de mayo de 2010, día que comienza nuestro relato, por las posibilidades de que en España pasásemos a un régimen pluripartidista donde más de 2 partidos políticos tienen posibilidades de optar al poder ejecutivo, seguramente nos hubiera contestado que eran remotas, esbozando una sonrisa por lo estúpido de nuestra pregunta.

Sin embargo, sin necesidad de hacer ningún cambio legislativo de calado (ni cambiamos la circunscripción provincial, ni el tamaño del Congreso, ni la fórmula electoral d'Hondt), el 20 de diciembre de 2015 nos encontramos con cuatro partidos cuyo resultado era muy superior al de todos los demás, por los dos que habitualmente se llevaban el pastel en forma de escaños.

Pese a que PP y PSOE aún sumaban 213 de los 350 diputados (el 60,85% por el 92,28% que sumaban aquel 12 de mayo de 2010), la caída del régimen bipartidista – como definían Podemos y Ciudadanos al sistema político hasta el 20D- era un hecho incontestable. Los españoles y españolas, simplemente con su voto, decidieron abocar al país a un complejo escenario político que no se vivía desde el comienzo de nuestra joven Democracia, allá por 1977.

La campaña electoral hacia el 20D se desarrolló con un inmenso ruido. Todos los responsables políticos eran conocedores de la compleja situación a la que probablemente llevarían las urnas, por lo que centraron una gran parte de su campaña en analizar y advertir al gran público sobre las consecuencias de su voto, sobre aquello que significaba votar a uno u otro partido. Numerosas "operaciones" postelectorales se dieron a conocer en los medios de comunicación los días previos al 20D: la operación menina, consistente en que el PP postularía a la Vicepresidenta del Gobierno, Soraya Sáenz de Santamaría, ante la negativa de Ciudadanos a investir a Rajoy si sumaban ambos mayoría absoluta; la operación salvar al soldado Sánchez, consistente en la supuesta atenuación de las críticas del PP al PSOE de Pedro Sánchez para mantener el bipartidismo; además de la teoría de la coalición de perdedores para desbancarle que esgrimía el PP o la supuesta estrategia de todos contra el PSOE que los socialistas ventilaron en los medios de comunicación, una estrategia utilizada por Podemos y Ciudadanos para arañar votos y desgastar al PSOE, sabedores que sus posibilidades de ganar las elecciones eran remotas.

Más allá de las operaciones teledirigidas de ruido, destinadas inequívocamente a influir sobre el voto de los electores el 20D, la precampaña y campaña tuvieron dos fases fundamentales, estableciéndose un cambio de tendencia con el debate a cuatro en Atresmedia celebrado el 7 de diciembre. Si bien en los días previos al debate a cuatro, se daba por hecha la suma de Ciudadanos y PP, el mantenimiento a duras penas del PSOE y el pinchazo de Podemos, el 7D cambiaría por primera vez la tendencia alcista de Ciudadanos y la bajista de Podemos, ofreciendo posibilidades postelectorales más allá del cacareado pacto PP-Ciudadanos, con o sin operación menina.

Se suele decir que los debates suelen influir mínimamente en la decisión de los votantes, sin embargo, el 7D rompió esa afirmación. Pablo Iglesias fue el claro ganador, como indicaron todas las encuestas en los diferentes medios esa noche[66]. Con un discurso tranquilo, muy pegado a la realidad de la calle, y un minuto de oro digno de estudio de las facultades de comunicación, el candidato de Podemos comenzó aquella noche a revertir la tendencia bajista de su formación, que hasta ese día daba sensación de estar fuera de juego de la campaña, ante un Rivera que se vio demasiado nervioso, una Soraya Sáenz que se dedicó a sustituir como pudo al Presidente Rajoy y un Pedro Sánchez que tuvo buenos y malos momentos, pero que no supo conectar con el electorado como lo hizo Iglesias.

Una vez comenzó el cambio de tendencia el 7D, los patinazos de Ciudadanos como su propuesta de suprimir el agravante específico por violencia de género (esto ocurrió el 10 de diciembre) y la exitosa campaña llevada a

---

[66] *El Periódico (Ed. Digital)*, 8 de diciembre de 2015.

cabo en medios y redes sociales por Podemos y PSOE principalmente, alertando de que Ciudadanos daría en bandeja el gobierno al PP, caló entre buena parte del electorado que las encuestas pronosticaban que votarían a la formación naranja, que prefirió orientar su voto en otro sentido. A Ciudadanos se le hizo demasiado larga la campaña y acabó pagando el desfonde con unos resultados por debajo de lo esperado, pese a la entrada espectacular que supuso entrar con 40 diputados cuando no se tiene representación.

Antes de hablar de los resultados, debemos dedicar unas líneas a las encuestas, que como ya ocurriese en las autonómicas, infravaloraron a PP y PSOE e inflaron las predicciones de escaños para Ciudadanos, disminuyendo las de Podemos. Los fallos más comentados fueron sin duda los de las encuestas preelectoral del CIS[67] y los del sondeo a pie de urna encargado por TVE y Forta (la plataforma de las televisiones autonómicas) a TNS Demoscopia[68].

En el caso del sondeo del CIS, si bien sí acertó la

[67] Estudio 3117, Preelectoral Elecciones Generales, CIS, octubre-noviembre 2015.
[68] *Eldiario.es*, 20 de diciembre de 2015.

horquilla del PP (pronosticaba entre 120 y 128 diputados), sobreestimó a Ciudadanos (le daba entre 63 y 66 escaños y sacó 40) y minusvaloró al PSOE, al que le daba 89 escaños en el mejor de sus resultados y a Podemos, que no llegaba a los 50 diputados ni en el mejor de sus resultados. Este clamoroso error encuentra posiblemente su explicación en el momento en que se realizaron las entrevistas. Si atendemos a esta circunstancia en la ficha técnica, vemos que la entrevista se realizó entre el 27 de octubre y el 16 de noviembre de 2015, momento en el que Ciudadanos se encontraba en pleno crecimiento de expectativas, manteniéndose Podemos en una senda descendente, lo que podría explicar los resultados obtenidos. La encuesta hizo una foto fija de las intenciones del electorado en esa fecha, en la que muy probablemente habría un buen número de personas que seguramente votarían a Ciudadanos, pero que no lo acabarían haciendo como consecuencia de los errores de Ciudadanos, de la remontada de Podemos fruto del debate del 7D o de la campaña mediática de "derechización" de Ciudadanos a la que asistimos en los días previos al 20D, entre otras razones.

La encuesta de TNS Demoscopia para TVE y Forta, por su parte, sobreestimó a los partidos emergentes en unos 10 escaños (en el peor de los casos daba a Podemos 76 y en el mejor 80, por los 69 finalmente conseguidos y entre 46-50 a Ciudadanos, por los 40 obtenidos) y situó por debajo a PP y PSOE de los resultados que finalmente obtendrían, ya que ambos superaron en 5 escaños el mejor de los escenarios previstos por la encuesta. Quizás la explicación aquí pueda estar en el alto grado de voto oculto con el que cuentan tanto PP y PSOE, lo que hizo que a la salida de los colegios un número significativo de electores declarasen que habían votado a un partido emergente en vez de a uno tradicional, cuando en realidad habían hecho lo contrario, sesgando los resultados e invalidando en parte el trabajo de campo.

Los resultados del 20D (PP 123, PSOE 90, Podemos 69 Y C'S 40 dibujaron un escenario en que el PP, pese a ganar las elecciones, no sería capaz de investir un Presidente del Gobierno propio, ya que el pinchazo de Ciudadanos dejó lejos a la posible suma de los 176 necesarios, puesto que el conseguir las abstenciones de PSOE, Podemos o los nacionalistas ha sido imposible desde el primer momento para los populares. Pero tampoco lo sería seguramente el PSOE de Pedro Sánchez, que aguantó el tipo pese a perder 20 escaños, al seguir siendo el principal partido de la izquierda. La posibilidad de que Pedro Sánchez fuese investido dependía de llegar a un acuerdo con Podemos e IU, conseguir el apoyo de nacionalistas vascos o catalanes y la abstención de los demás grupos minoritarios, cosa no muy difícil de conseguir de no ser porque Podemos y el PSOE no estaban dispuestos a llegar a un acuerdo sobre el problema catalán, que Podemos pretendía resolver mediante un referéndum que el PSOE se ha negado en redondo a convocar.

Así pues, el escenario político español surgido de las elecciones del 20D se describe con una palabra: incertidumbre. La política de líneas rojas infranqueables que han puesto sobre la mesa Podemos y PSOE, como señalaba Lluis Bassets en El País, dificulta cualquier pacto sobre la única mayoría que se puede formar en este Parlamento, toda vez que ni Podemos ni el PP están dispuestos a sumarse (o a abstenerse) al acuerdo alcanzado entre PSOE y Ciudadanos. La única alternativa a esta situación parece no ser otra que unas nuevas elecciones en junio, en las que tan probable parece que el PP absorbiese mucho voto de Ciudadanos, con el argumento de ser el único que garantiza la estabilidad y la gobernabilidad, quedando en el aire a quién considerará el electorado responsable del bloqueo de la izquierda, si al PSOE o a Podemos, como puede ocurrir el hecho de que todo siga igual, variando apenas unos escaños entre bloques.

De ahí que me permita poner entre interrogaciones el anunciado fin del bipartidismo que nos trajeron las elecciones del 20 de diciembre. El tiempo y los votos lo dirán.

15 LOS MEDIOS Y EL *POLITAINMENT*

No podía acabar estas líneas sin conceder un capítulo a los medios de comunicación. Éstos tienen un papel fundamental en nuestras sociedades como actores socializadores de la población. Contribuyen a informarnos y a formarnos políticamente, pero a menudo también nos tratan de influir con el modelado previo que hacen de la información, creando líderes de opinión cuyos mensajes calan en la gente de forma definitiva, orientando en parte su comportamiento político.

Durante estos años, los medios de comunicación han contribuido sobremanera a crear y extender la atmósfera de hartazgo ciudadano que nos ha llevado a la situación en la que nos encontramos actualmente. Si bien los sucesos relatados en anteriores capítulos encendieron la bombilla de la reflexión y reacción ciudadana ante el sistema político y su *establishment*, funcionando la corrupción y las políticas de recortes como la gasolina que avivó y extendió el fuego de esta actitud de la ciudadanía ante el sistema, los medios de comunicación fueron y siguen siendo sin duda, las tuberías que han ido canalizando el devenir de unos sucesos en otros, dotando de un cierto orden al proceso desde su posición de altavoces ciudadanos.

Tomando por evidente que la actuación de los medios en sí (reconociendo el fin noble de algunos) responde a los grandes intereses económicos que los controlan, hay que tener claro que sin ellos los procesos políticos que aquí describo o no se hubieran desarrollado o lo hubieran hecho de otra forma; y por supuesto, de no haber tratado los medios los sucesos que aquí relato como lo hicieron, el comportamiento subsiguiente de la población hubiera sido diferente. Los frecuentes programas de investigación en la televisión, como *Salvados* en la Sexta, las pesquisas de los principales diarios del país y las constantes exclusivas en la radio sobre los sucesos políticos y sociales han puesto sobre la mesa muchos debates que han ayudado a la ciudadanía a alcanzar las cotas en las que se mueve hoy, tanto en lo referente a conciencia crítica, como a interés por todo lo político.

Pero no todo ha sido esta parte del periodismo. Los medios encontraron en el *politaintment* la clave, tanto aprovechando la revitalización del interés por la política de la población desde el comienzo de la segunda década del siglo XXI, como siendo perfectamente conocedores de que en la actualidad la ciudadanía demanda formatos con mensajes simplificados que les ofrezcan entretenimiento y una cierta dispersión de sus vidas cotidianas. El formato de programa espectáculo que ya había funcionado un tiempo atrás en el campo del deporte (con la irrupción de *Punto Pelota,* de Josep Pedrerol desde 2008) o en la prensa rosa, con multitud de programas desde los 90, como *Tómbola, Salsa Rosa* o el *Sálvame* de Jorge Javier Vázquez, que se emitía desde 2009, era la solución para banalizar los antiguos sesudos y densos debates políticos, de tal forma que pudiesen llegar definitivamente a todos los públicos, pese a asumir que un cierto público se podía alejar de los mismos.

El *politaintment* pues, no consiste en otra cosa que combinar la política con los formatos de entretenimiento, en crear programas con altas dosis de teatro donde los políticos, lejos de mostrarse en una posición de superioridad, bajan todos los días al barro del espectáculo que ofrecen formatos como *La Sexta Noche* o *Al Rojo Vivo*. Allí se "pelean" con los representantes de otros partidos políticos y con los periodistas del momento, utilizando cualquier argumento para obtener el aplauso del público desde sus casas. Estos formatos permiten al espectador (o al oyente) la creación de sus propios héroes y villanos. El público se suma encantado al espectáculo vitoreando a "los suyos" y abucheando y reprochando los comentarios y argumentos utilizados por los "personajes" con los que no se sienten identificados. Los aspavientos, el elevado tono de voz y los excesos verbales incluso, redondean un espectáculo que deja totalmente satisfecho al espectador, lleno de argumentos para utilizar en sus discusiones durante la semana y deseando que llegue la siguiente edición de su programa favorito.

Sin embargo, estos programas no son el único

ejemplo. El *politaintment* no sólo se proyecta mediante la adición de fórmulas de espectáculo a los programas políticos, sino también mediante el desembarco de los políticos en los programas de entretenimiento. Ver a Rajoy cocinando con el otrora playboy y todavía cantante Bertín Osborne en su programa *En tu casa o en la mía*, a Pablo Iglesias tocando la guitarra en *El Hormiguero* de Pablo Motos o contemplar a Pedro Sánchez jugando al baloncesto con Ana Rosa Quintana son los claros ejemplos de esta cara de la moneda. Los partidos políticos, a menudo preocupados por la idea asentada en la población de que los políticos son una clase, una especie de grupo social con privilegios propios, hasta el punto de que los españoles han visto a la clase política como uno de los principales problemas de nuestro país según las encuestas del CIS, han aceptado encantados este formato para dar a la ciudadanía la imagen de que sus líderes son gente con la que el electorado puede identificarse perfectamente, gente normal que hace cosas normales pero que se dedica –temporalmente, por supuesto- a la política, lejos de formar parte de ningún tipo de clase o de *casta*, término introducido por Pablo Iglesias y Podemos en la política española actual, tras su uso recurrente en países como Italia así como en nuestro país desde el siglo XIX[69].

Así pues, en el periodo que analizo en estas líneas, el papel de los medios de comunicación ha sido positivo en su mayor parte. Los medios, tanto en su función de altavoz y denuncia, como a través de fórmulas como el *politaintment* han contribuido sobremanera a reactivar y extender el interés por la política de la población media, alejándola de sus perezosas actitudes tras la efervescencia que se dio con la llegada de la Democracia a España tras la muerte del dictador Franco. Fruto de esta reactivación, ha crecido la formación política de la ciudadanía, que ha puesto debates sobre la mesa que han obligado a reaccionar a los actores del sistema, consiguiéndose avanzar en términos de calidad de la democracia española.

En el "debe" de este proceso que catalogo como positivo, queda la banalización a la que la política ha quedado sometida en estos años. Los formatos que se han ofrecido a la audiencia han favorecido la simplificación de los mensajes por parte de los partidos políticos, con tal de adaptarlos a los nuevos escenarios en los que se mueven.

[69] *Lamarea.com*, 19 de agosto de 2014.

Además, la democracia de audiencia en la que nos movemos ha contribuido sin duda a una mayor flexibilización de las ideologías de los partidos políticos, que constantemente orientan sus mensajes, estrategias, e incluso la elección de sus dirigentes en función de las opiniones que el gran público tiene de los mismos. Valgan como ejemplo las famosas encuestas de Pedro Arriola, el sociólogo de cabecera del PP, sobre posibles candidatos del PP a las elecciones municipales y autonómicas, que son imprescindibles a la hora de que el Presidente del PP designe los candidatos a esos comicios. El populismo se abre paso a toda vela entre las ideologías, antes hegemónicas en la discusión política, lo que sin duda es algo preocupante.

En definitiva, si bien el papel de los medios sigue siendo tremendamente positivo en nuestras sociedades por todo lo expuesto, la ciudadanía debe asumir sus mensajes de una forma crítica y plural, ya que es evidente que reclamar una mayor independencia de los mismos es poco menos que un brindis al sol, toda vez que la crisis en la que se halla el sector de la comunicación ha permitido el desembarco de una serie de empresas y demás operadores económicos que ponen en constante peligro la independencia deseable de los medios. La necesidad de ingresos publicitarios de los medios los pone en una posición comprometida en la que a menudo las grandes compañías dictan las noticias que aparecen y las que no, así como la forma en que aparecen, de ahí que sea imprescindible que como ciudadanos sepamos separar el grano de la paja.

EPÍLOGO

Más allá de lo que pueda ocurrir en estos meses de 2016, el recorrido que empezó aquel 12 de mayo de 2010 (que describe el primer capítulo) acaba necesariamente aquí. Y lo hace porque el proceso que desembocó aquel día ya ha llegado a su final. El antes apático y desinteresado por la política pueblo español salió del coma el día que se dio cuenta de que los poderes económicos pesaban más que los programas electorales y la ideología, mostró su indignación y desidia ante el sistema en las plazas aquel lejano 15 de mayo de 2011. No encontró alicientes en la izquierda y decidió dar todo el poder al PP, con tal de que se repitiese el milagro económico de los 2000, pero ante los recortes del

Gobierno y la corrupción generalizada, decidió que había llegado el momento de romper con lo establecido, de canalizar todo ese descontento dentro del sistema, dirigiendo su voto hacia Podemos y hacia Ciudadanos, primero en las autonómicas y locales y luego en las generales, más allá del primer aviso que supusieron las europeas.

Este cambio en el comportamiento político del pueblo español, que se volvió mucho más exigente con sus gobernantes, tomando fuerza conceptos antes desaparecidos como la transparencia o la rendición de cuentas, fue tenido en cuenta por los actores políticos del Estado, cada uno a su manera, claro está. Felipe VI fue la apuesta de la Corona para su definitivo asentamiento en nuestro país, ya que el Rey Juan Carlos, por mucho que hubiera hecho en el pasado, representaba un momento político que queda ya lejos. *Nóos*, el elefante y el *affaire* con Corinna hicieron el resto. En cuanto a los viejos partidos, si bien el PP se limitó a una operación cosmética consistente en fomentar nuevos liderazgos intermedios como el de Cristina Cifuentes en la Comunidad de Madrid, o los de Pablo Casado, Javier Maroto o Andrea

Levy en su estructura nacional, IU y el PSOE decidieron apostar por la juventud y nuevos mensajes de Alberto Garzón y Pedro Sánchez, quien pese a abanderar un discurso que chocaba en parte con el mantenido por el PSOE previamente a su nombramiento, no ha sabido en estos meses consolidar la posición hegemónica que ostentaban los socialistas desde 1977, viendo a menudo cómo los partidos emergentes le comen el terreno. La misma situación se da con IU, que ha sido fagocitada como alternativa por Podemos, además de por las luchas internas que han sacudido algunas federaciones, como la de Madrid. El tirón electoral y buena campaña de Alberto Garzón han conseguido un mínimo de representación parlamentaria, pero siendo conscientes de que la coalición tiene por delante un proceso de reflexión profunda que puede llevar a su desaparición como la conocemos hoy.

Por último, respecto de la cuestión territorial, en estos años se ha producido una inversión de papeles en Cataluña y País Vasco. Mientras que en los años 2000, el País Vasco era el principal problema sobre la mesa territorial, como consecuencia de la radicalización del PNV y de la violencia de E.T.A., y Cataluña era la socia amable de España, primero con Pujol y la complicidad de CiU con los Gobiernos del Estado y después con el tripartito, las tornas han cambiado. El final de la violencia de E.T.A. viene de la eficaz acción de la justicia y de la asfixia policial, pero también de la conciencia que ha tomado la izquierda *abertzale*, quien ha optado por presionar ya solo a través del poder institucional, lo que contribuye a relajar el clima de tensión política existente y a desactivar la polarización del sistema político. Actualmente, las tesis del PNV, partido en el gobierno, pasan por obtener un mayor autogobierno sin y el reconocimiento del derecho a decidir, sin entrar en la opción independentista de lleno.

Sin embargo, en Cataluña el proceso ha sido el contrario. La situación de crisis económica ha llevado a ver con buenos ojos a muchos ciudadanos de Cataluña el viejo argumento de "España nos roba", argumento que Artur Mas y CiU supieron aprovechar con acierto para apuntalar su inestable mayoría, capitalizando el sentimiento soberanista catalán para negociar un autogobierno fiscal similar al vasco. La siempre colaborativa con Madrid CiU, pasó a convertirse en la punta de lanza del movimiento soberanista catalán, reforzando este papel su alianza con las entidades soberanistas de la sociedad civil. El devenir de los acontecimientos ha acabado desembocando en una polarización extrema del sistema catalán en torno al clivaje soberanismo/no soberanismo, obligando a CiU (ahora a Convergencia) a asumir la independencia como única vía, llevándose por delante a Unió, al PSC y al PP de Cataluña y dando alas a ERC y a Ciudadanos, perfectos representantes del soberanismo y de la españolidad de Cataluña.

En definitiva, a través de los sucesos sobre los que se ha podido leer a lo largo de estas líneas, he pretendido relatar al lector el cambio en el comportamiento político que se ha dado en gran parte de la población española en estos 5 años. Nada parecía indicar que así sería unos días antes de aquel mayo de 2010 con el que empieza el libro, pero lo cierto es que esta serie de hechos han contribuido sobremanera a que la población española sea hoy más madura políticamente hablando, a que exija unos valores y estándares de comportamiento a sus gobernantes que eran inimaginables durante años, estando dispuesta a castigar de la forma más dura que hay en Democracia a quien no cumple con sus exigencias: quitándole el voto y dándoselo a otra opción mejor. Todos estos indicadores llevan a la conclusión de que España es hoy un país con una calidad democrática mayor, donde es más difícil tomar decisiones y llegar a acuerdos, cierto es, pero donde se ha apostado decididamente por cuestionarse todas las estructuras vigentes, sin miedo a adoptar y a provocar los cambios necesarios.

Reconocer el problema es el primer paso para alcanzar una solución, ya saben.

GUILLERMO DÍAZ

BIBLIOGRAFÍA

Acord per a facilitar la investidura d'Artur Mas com a President de la Generalitat de Catalunya, Barcelona, 22 de diciembre de 2010, en http://www.elperiodico.com/resources/pdf/5/1/129304 2889815.pdf

AGENCIAS: "Zarzuela dice que el resultado del 25-M no influyó en la elección de fecha para la abdicación del rey", *20 MINUTOS (Ed. Digital)*, 05/06/2014, en http://www.20minutos.es/noticia/2158758/0/abdicacio n-rey/elecciones/decision/

BASSETS, L.: "Las líneas rojas", *EL PAÍS (Ed. Digital)*, 04/01/2016, en http://ccaa.elpais.com/ccaa/2016/01/03/catalunya/145 1836233_792076.html

CAMACHO, J.: "La jueza del 'caso ERE' cifra en 887 las ayudas concedidas por el exdirectivo de la Junta encarcelado", *EL PERIÓDICO (Ed. Digital), 10/03/2012,* en http://www.elperiodico.com/es/noticias/politica/jueza-del-caso-ere-cifra-887-las-ayudas-concedidas-por-exdirectivo-junta-encarcelado-1524381

CARLIN, J.: "La estrategia independentista es incompatible con la violencia armada", *EL PAÍS (Ed. Digital),* 17/10/2010, en http://elpais.com/elpais/2010/10/17/actualidad/128730 3417_850215.html

CORTIZO, G.: "El sondeo de TVE no da la mayoría absoluta a PP y Ciudadanos", *ELDIARIO.ES,* 20/12/2015, en http://www.eldiario.es/politica/TVE-mayoria-absoluta-PP-Ciudadanos_0_464754038.html

CUÉ, C.: "España entrega al PP todo el poder", *El País (Ed. Digital),* 21/11/2011, en http://politica.elpais.com/politica/2011/11/21/actualida d/1321832133_971045.html

Declaración de ETA de 20 de octubre de 2011 (en línea), en http://www.uv.es/~pla/terrorisme/11a20eta.pdf

Diario de Sesiones del Congreso de los Diputados, 12 de mayo de 2010, en http://www.congreso.es/public_oficiales/L9/CONG/D S/PL/PL_162.PDF

DÍEZ, A.: "Rubalcaba: "Don Juan Carlos ha garantizado

la integridad de España", en *EL PAÍS (Ed. Digital)*, 02/06/2014, en http://politica.elpais.com/politica/2014/06/02/actualidad/1401711878_194824.html

Documento "Nuestro punto de vista. Sobre el final de ETA y sobre el tiempo post-ETA. Verdad, memoria, justicia y convivencia", Baztarre, mayo de 2012, en http://www.batzarre.org/pdf/Nuestro_punto_de_vista.pdf

DOMINGUEZ, F.: "Luces y sombras del "cese definitivo" del terrorismo de ETA", *Cuadernos de pensamiento político*, Fundación para el Análisis y los Estudios Sociales, Abril-junio 2012, en http://www.fundacionfaes.org/file_upload/publication/pdf/20130423223058luces-y-sombras-del-cese-definitivo-del-terrorismo-de-eta.pdf

DUVA, J.: "La primera víctima de ETA", en *EL PAÍS (Ed. Digital)*, 31/01/2010, en http://elpais.com/diario/2010/01/31/domingo/1264913553_850215.html

EFE: "Josep Oliu propone crear "una especie de Podemos de derechas"", *EL PERIÓDICO (Ed. Digital)* 25/06/2014, en http://www.elperiodico.com/es/noticias/politica/josep-oliu-propone-crear-una-especie-podemos-derechas-3329695

EL PAÍS: "La familia Pujol Ferrusola", *EL PAÍS (Ed. Digital)*, *23/10/2014*, *en* http://elpais.com/elpais/2014/10/23/media/141409080 0_520045.html

EL PERIÓDICO: "Pablo Iglesias ganó el debate de Atresmedia, según internet" *EL PERIÓDICO (Ed. Digital)*, 08/12/2015, en http://www.elperiodico.com/es/noticias/politica/ganad or-debate-candidatos-antena3-sexta-atresmedia-pablo-iglesias-4734414

Estudio 2834, Barómetro de abril, CIS, abril de 2010, en http://datos.cis.es/pdf/Es2834mar_A.pdf

Estudio 2843, Barómetro de julio, CIS, julio de 2010, en http://www.cis.es/cis/opencms/-Archivos/Marginales/2840_2859/2843/es2843.pdf

Estudio 3117, Preelectoral Elecciones Generales, CIS, octubre-noviembre 2015, en http://www.cis.es/cis/export/sites/default/-Archivos/Marginales/3100_3119/3117/Es3117mar.pdf

EUROPA PRESS: "Currin: "ETA no entregará las armas, sería una rendición"", *La Nueva España (Ed. Digital)*, 24/03/2015, en http://www.lne.es/espana/2015/03/24/currin-eta-entregara-armas-seria/1731954.html

EUROPA PRESS: "Puigcercós (ERC) lamenta la "estocada mortal" al texto y augura un crecimiento del independentismo", 28/06/2010, http://www.europapress.es/nacional/noticia-av-estatut-puigcercos-erc-lamenta-estocada-mortal-texto-augura-crecimiento-independentismo-20100628213915.html

EUROPA PRESS: " Podemos formaliza su inscripción como partido en el registro del Ministerio del Interior, *PÚBLICO.ES*, 13/03/2014, en http://www.publico.es/politica/formaliza-inscripcion-partido-registro-del.html

Estatutos de Sortu (en línea), en http://info.elcorreo.com/documentos/2011/sortu-estatutos.pdf

FERNÁNDEZ SOLDEVILLA, G.: "La primera víctima mortal de ETA no fue Begoña Urroz", *La tribuna del País Vasco,* 24/06/2014, en http://latribunadelpaisvasco.com/not/1480/la-primera-victima-mortal-de-eta-no-fue-begona-urroz/

GARCÍA, J.: "aumenta el rechazo a E.T.A. entre los ciudadanos del País Vasco", *La Voz de Galicia,* 20/07/2007, en http://www.lavozdegalicia.es/hemeroteca/2007/07/20/5999901.html

GAREA, F.: "La monarquía, en el peor momento de popularidad" *EL PAÍS (Ed. Digital), 02/06/2014, en* http://politica.elpais.com/politica/2014/06/02/actualidad/1401704469_632570.html

GAREA, F.: "El recorte dispara la ventaja del PP", en *ElPaís.com,* Madrid, 16/05/2010,

http://elpais.com/diario/2010/05/16/espana/12739608
02_850215.html.

LAINFORMACIÓN.COM: "Abdicación. Juventudes
socialistas reclama un referéndum sobre el modelo de
estado", *LAINFORMACIÓN.COM,* 02/06/2014, en
http://noticias.lainformacion.com/politica/sistemas-
politicos/abdicacion-juventudes-socialistas-reclama-un-
referendum-sobre-el-modelo-de-
estado_aW60izG7ETQ215MZBs3nn1/

LA VANGUARDIA: "Pere Navarro pide la abdicación
del Rey don Juan Carlos", *LA VANGUARDIA (Ed.
Digital),*20/02/2013,   en
http://www.lavanguardia.com/politica/20130220/54365
582197/pere-navarro-abdicacion-rey.html

MAESTRE, A.: "El concepto 'casta', de Manuel Azaña a
Hermann Terstch" en *LAMAREA.COM,* 19/08/2014,
en   http://www.lamarea.com/2014/08/19/el-concepto-
casta-un-discurso-que-se-remonta-al-siglo-xix/

Manifiesto   de   Democracia   Real   Ya,   en
http://www.democraciarealya.es/documento-
transversal/

MARRACO, M.: "Movimiento Ciudadano en Madrid:
Vamos a cambiar las cosas", en EL MUNDO (Ed.
Digital,   26/10/2013,   en
http://www.elmundo.es/espana/2013/10/26/526bb215
61fd3d3e508b456c.html

MARTÍNEZ-FORNÉS, A.: "El Rey decidió abdicar tras

la fallida reaparición en enero después de la operación" *ABC* *(Ed. Digital)*, 04/06/2014, en http://www.abc.es/espana/rey-juan-carlos-i-abdica/20140604/abci-claves-renuncia-201406032155.html

MERCADO, F., JIMÉNEZ, M. CUÉ, C., ROMERO, J.M., "Las cuentas secretas de Bárcenas", *EL PAÍS (Ed. Digital)*, 31/01/2013, en http://politica.elpais.com/politica/2013/01/30/actualidad/1359583204_085918.html

NOGUER, M.: "El presidente de la Generalitat, "indignado", llama a los catalanes a manifestarse", 28/06/2010, http://elpais.com/elpais/2010/06/28/actualidad/1277713033_850215.html

NOGUER, M.: "Mas frena la campaña de la consulta pero mantiene vivo el pulso legal", en *El País (Ed. Digital)*, 29/09/2014, en http://ccaa.elpais.com/ccaa/2014/09/29/catalunya/1411979078_056196.html.

PIÑOL, A.: "Montilla convoca las elecciones el 28 de noviembre y avisa que está en juego el futuro de una generación", *El País (Ed. Digital)*, 07/09/2010, en http://elpais.com/elpais/2010/09/07/actualidad/1283847419_850215.html

PI, J.: "El independentismo vuelve a mostrar su fuerza con la Via Lliure en plena campaña, *LA VANGUARDIA (Ed. Digital)*, 11/09/2015, en

http://www.lavanguardia.com/politica/20150911/54436
444905/via-lliure-participacion.html

PIZOCARO, E.: "Sofía y el Club Bilderberg presionan al
Rey para que abdique", *ALERTADIGITAL.COM*,
06/03/2013,   en
http://www.alertadigital.com/2013/03/06/sofia-y-el-
club-bilderberg-presionan-al-rey-para-que-abdique/

Real Decreto Ley 10/2010, de 16 de junio, de medidas
urgentes para la reforma del mercado de trabajo.

Resultados de las elecciones locales de 2011, en
http://elecciones.mir.es/resultados2011/99MU/DMU99
999TO_L1.htm

RIVEIRO, A.: "El sector de Pablo Iglesias plantea
empezar de cero el proceso de confluencia en Madrid",
ELDIARIO.ES,   09/12/2014,   en
http://www.eldiario.es/politica/Pablo-Iglesias-proceso-
confluencia-Madrid_0_333167717.html

ROMERO, A.: "El apoyo a la Monarquía sigue cayendo
pero crece la valoración del Príncipe Felipe", *EL
MUNDO (Ed. Digital)*,   *05/01/2014,*   *en*
http://www.elmundo.es/espana/2014/01/05/52c89f76c
a4741f0588b4571.html

RUBIO, C.: "Raül Romeva, un ex de ICV para frenar a
Podemos", *EL MUNDO (Ed. Digital)*, 10/08/2015, en
http://www.elmundo.es/cataluna/2015/07/16/55a6b91
3268e3eb02a8b459d.html

SÁNCHEZ, A.I. "Viera deja su escaño para evitar el bochorno de que el Congreso le enviara al juzgado", *ABC (Ed. Digital)*, 24/09/2015, en http://www.abc.es/espana/20150924/abci-viera-escano-congreso-201509241225.html

SANTOS, P.: "Por qué el 2 de junio", *EL PERIÓDICO (Ed. Digital)*, 03/06/2014, en http://www.elperiodico.com/es/noticias/politica/por-que-junio-3289467

TORRES, S., SALVADOR, A. "La Guardia Civil dice que Juan Lanzas daba comisiones de los ERE al PSOE y al sindicato UGT", *EL MUNDO (Ed. Digital)* 26/05/2015, *en* http://www.elmundo.es/andalucia/2015/05/26/556417f eca4741ba698b456d.html

URREIZTIETA, E., INDA E.: Bárcenas pagó sobresueldos en negro durante años a parte de la cúpula del PP, *EL MUNDO (Ed. Digital), 20/01/2013, en* http://www.elmundo.es/elmundo/2013/01/18/espana/ 1358536985.html

ZARZALEJOS, J.A.: "El Rey baraja ya la abdicación", *Notebook, ELCONFIDENCIAL.COM,* 22/02/2013, en http://blogs.elconfidencial.com/espana/notebook/2013 /02/22/el-rey-baraja-ya-la-abdicacion-10773

"Otegi: "Una bomba nos destroza y nos deja sin credibilidad para generaciones"", *EL PAÍS (Ed. Digital)*, 27/06/2011, en http://politica.elpais.com/politica/2011/06/27/actualida d/1309155306_509315.html

"La sociedad vasca rechaza la vuelta de E.T.A., incluso en la izquierda abertzale, donde ha disminuido sus apoyos, *ABC,* 20/12/2007, http://www.abc.es/hemeroteca/historico-20-12-2007/abc/Nacional/la-sociedad-vasca-rechaza-la-vuelta-de-eta-incluso-en-la-izquierda-abertzale-donde-ha-desgastado-sus-apoyos_1641506339020.html

SOBRE EL AUTOR

Guillermo Díaz (Madrid, 1991) es jurista y politólogo por la Universidad Carlos III de Madrid. En la actualidad, compagina su trabajo como asesor jurídico de un grupo de empresas dedicado a los servicios sociales con sus colaboraciones en Radio Paralela, donde codirige el espacio de debate político joven "El taquígrafo" y tiene una columna mensual de opinión.